현지 생활 속 중국인의 삶과 문화 이야기

라이프
중국어

🛡 시사중국어사

라이프 중국어 ③

초판 인쇄	2025년 3월 10일
초판 발행	2025년 3월 20일
저자	권운영, 裵永琴, 刘秀平, 刘仓利
책임 편집	연윤영, 최미진, 高霞
펴낸이	엄태상
디자인	이건화
녹음	刘秀平, 刘仓利
콘텐츠 제작	김선웅, 장형진
마케팅본부	이승욱, 왕성석, 노원준, 조성민, 이선민
경영기획	조성근, 최성훈, 김로은, 최수진, 오희연
물류	정종진, 윤덕현, 신승진, 구윤주
펴낸곳	시사중국어사(시사북스)
주소	서울시 종로구 자하문로 300 시사빌딩
주문 및 문의	1588-1582
팩스	0502-989-9592
홈페이지	http://www.sisabooks.com
이메일	book_chinese@sisadream.com
등록일자	1988년 2월 12일
등록번호	제300-2014-89호

ISBN 979-11-5720-270-6 14720
　　　 979-11-5720-269-0(set)

〈라이프 중국어 3〉은 중국어를 약 1년 정도 공부한 학생들이 학습할 수 있도록 집필했습니다. 비록 1년이 되지 않았더라도 HSK 2급 어휘(약 300개 단어)를 회화에서 어느 정도 활용할 수 있다면 충분히 따라올 수 있습니다. 전반적인 구성을 가볍게 유지하려 노력했고, HSK 모의고사 해설이나 HSK 어휘 등 추가로 필요한 학습 내용은 저자의 유튜브(Youtube) 채널에서 보충하였습니다.

〈라이프 중국어 1, 2〉로 기초와 초급 과정을 마친 후에는 독학으로라도 HSK 3급 수준의 〈라이프 중국어 3〉을 공부하실 수 있기를 바랍니다. 혼자 공부하거나 수업 시간에 반복 학습이 가능하도록, 모두 비교적 짧고 현실적인 회화 내용으로 구성했습니다.

〈라이프 중국어 3〉에서는 중국의 다양한 교통수단을 활용해 여행하고 생활하는 학생들의 모습과 온라인 쇼핑 및 배송, 우체국에서 소포 보내기, 집 구하기 등의 실생활 상황을 중심으로 다루었습니다. 또 기차표 구매나 병원 방문 같은 내용을 통해 현재 중국인의 생활문화와 학습자와 비슷한 연령대의 삶 및 사회 문화를 이해하는 데 도움이 되길 바랍니다.

〈라이프 중국어 3〉의 특징은 세 가지로 설명할 수 있습니다.

1 HSK3급까지의 주요 단어를 중심으로 약 500개 단어를 정리하고, 문법 내용도 HSK 3급 수준에 맞추었습니다.

2 3권을 마치면 중국 여행이나 유학에 도전할 수 있으며, 중화권 친구들과 여행을 가거나 WeChat, 알리페이 등을 이용해 물건을 구매하는 데 필요한 기초를 갖출 수 있습니다.

3 한 학기에 학습 가능한 분량을 고려해 총 12과로 구성했습니다. 각 과의 핵심 문장을 부록으로 정리해 언제든 예습과 복습이 가능하니 잊지 말고 활용해 주시기 바랍니다.

마지막으로, 〈라이프 중국어〉 시리즈 편찬을 위해서 애써 주신 신한대학교의 裴永琴 교수님, 刘秀平 교수님, 刘仓利 교수님께 깊이 감사드립니다. 그리고 이 교재가 훌륭히 출판될 수 있도록 오랜 시간 함께 노력해 주신 시사중국어 출판사 관계자분들께도 진심으로 감사의 말씀을 드립니다.

저자 일동

과 도입

배울 내용을 미리 알 수 있습니다.

새 단어

새 단어를 미리 익히고,
또 써 봅니다.

회화

중국에 대해 잘 알 수 있도록
중국 현지 상황을 담은
생생한 대화만을 실었습니다.

핵심 포인트

이번 과에서 주요하게 학습하고 익혀야 할
핵심 어법 및 표현을 실었습니다. 학습 후
핵심 내용을 빈 곳에 정리해 보세요.

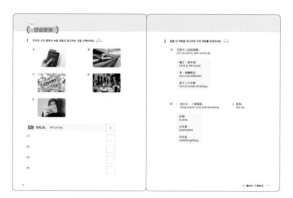

연습문제

HSK 형식의 연습문제와 교체연습을
실었습니다.

China Talk Talk

중국과 한걸음 더 가까워질 수 있도록
중국 문화에 대한 흥미로운 내용을
담았습니다.

해석 및 정답, 색인

별책부록1

회화 미니 카드

들고 다니며 복습할 수
있도록, 본문에 나온
핵심 문장만 모았습니다.

별책부록2

HSK 실전 모의고사
3급(1세트) &
정답 및 스크립트/해석

회화로 실력 쌓고!
HSK 시험 문제로 마무리하여
HSK에 도전할 수 있습니다.

1과 **请出示一下身份证。** ⋯⋯⋯⋯⋯⋯ 10

Qǐng chūshì yíxià shēnfènzhèng.

신분증을 제시해 주세요.

2과 **师傅，去外滩。** ⋯⋯⋯⋯⋯⋯⋯⋯ 20

Shīfu, qù Wàitān.

기사님, 와이탄으로 가 주세요.

3과 **可以微信支付吗?** ⋯⋯⋯⋯⋯⋯⋯ 30

Kěyǐ Wēixìn zhīfù ma?

위챗으로 결제해도 될까요?

4과 **为什么还没有发货?** ⋯⋯⋯⋯⋯⋯ 40

Wèishénme hái méiyǒu fāhuò?

상품 배송이 왜 아직도 되지 않나요?

5과 **我想往韩国寄一个包裹。** ⋯⋯⋯ 50

Wǒ xiǎng wǎng Hánguó jì yí ge bāoguǒ.

저는 한국으로 소포를 보내고 싶습니다.

6과 **我要租房子。** ⋯⋯⋯⋯⋯⋯⋯⋯⋯ 60

Wǒ yào zū fángzi.

저는 월세 집을 구하려고 합니다.

7과 欢迎光临明洞大酒店。 — 70

Huānyíng guānglín Míngdòng dà jiǔdiàn.
명동 호텔에 오신 것을 환영합니다.

8과 韩国医院怎么走? — 80

Hánguó yīyuàn zěnme zǒu?
한국 병원은 어떻게 가나요?

9과 您哪儿不舒服? — 90

Nín nǎr bù shūfu?
당신은 어디가 불편하세요?

10과 请系好安全带。 — 100

Qǐng jìhǎo ānquándài.
안전벨트를 매 주세요.

11과 这是我的护照和入境卡。 — 110

Zhè shì wǒ de hùzhào hé rùjìngkǎ.
이것은 제 여권과 입국 카드입니다.

12과 我要准备资格证考试。 — 120

Wǒ yào zhǔnbèi zīgézhèng kǎoshì.
저는 자격증 시험을 준비하려고 해요.

부록
• 해석 및 연습문제 정답/녹음   132
• 색인   138

별책
• 회화 미니 카드
• HSK 실전 모의고사 3급(1세트) & 정답 및 스크립트/해석

제목	학습 내용		
1과 **请出示一下身份证。** 신분증을 제시해 주세요.	학습내용	비행기, 기차 등 교통수단 이용 표현	
	핵심어법	부사 只 zhǐ | 동사 给 gěi	
	문화	중국의 국내 교통수단 - 기차	
2과 **师傅，去外滩。** 기사님, 와이탄으로 가 주세요.	학습내용	이동 시간을 물어볼 때 쓰는 표현	
	핵심어법	多长时间 duōcháng shíjiān | 有点儿 yǒudiǎnr	
	문화	중국의 대중교통	
3과 **可以微信支付吗?** 위챗으로 결제해도 될까요?	학습내용	오프라인 매장에서 쇼핑 및 결제할 때 쓰는 표현	
	핵심어법	양사 | 개사 给 gěi + 대상 + 동사	
	문화	QR이면 모든 결제 가능	
4과 **为什么还没有发货?** 상품 배송이 왜 아직도 되지 않나요?	학습내용	중국 온라인 쇼핑몰에서 상품 배송 문의할 때 쓰는 표현	
	핵심어법	没(有) méi(yǒu) + 동사 | A 帮 bāng B + 동사	
	문화	중국의 온라인 쇼핑 활성화	
5과 **我想往韩国寄一个包裹。** 저는 한국으로 소포를 보내고 싶습니다.	학습내용	우편물을 발송할 때 쓰는 표현	
	핵심어법	방위사 | 방향을 나타내는 往 wǎng	
	문화	중국의 배송 문화	
6과 **我要租房子。** 저는 월세 집을 구하려고 합니다.	학습내용	월세 집을 알아볼 때 쓰는 표현	
	핵심어법	접속사 还有 háiyǒu | 동사 在 zài + 장소	
	문화	중국의 집 구조	
7과 **欢迎光临明洞大酒店。** 명동 호텔에 오신 것을 환영합니다.	학습내용	호텔에서 체크인할 때 쓰는 표현	
	핵심어법	고객 맞이 및 배웅 관련 표현 | 객실 종류 및 호텔 이용 관련 표현	
	문화	중국 호텔 조식 메뉴	
8과 **韩国医院怎么走?** 한국 병원은 어떻게 가나요?	학습내용	길 묻기 및 교통수단을 이용하는 표현	
	핵심어법	因为……，所以…… yīnwèi ……, suǒyǐ …… | 연동문	
	문화	구글 말고 바이두	
9과 **您哪儿不舒服?** 당신은 어디가 불편하세요?	학습내용	병원에서 진료를 볼 때 쓰는 표현	
	핵심어법	구조조사 得 de | 양사 一点儿 yìdiǎnr	
	문화	중국 내 병원	
10과 **请系好安全带。** 안전벨트를 매 주세요.	학습내용	비행기 기내에서 서비스를 요청할 때 쓰는 표현	
	핵심어법	要……了 yào……le | 동사 + 好 hǎo	
	문화	중국인의 한국 물건 구매	
11과 **这是我的护照和入境卡。** 이것은 제 여권과 입국 카드입니다.	학습내용	공항에서 입국 심사 때 쓰는 표현	
	핵심어법	是……的 shì……de | 축하 또는 기원 표현	
	문화	중국에 입국할 때 유의점	
12과 **我要准备资格证考试。** 저는 자격증 시험을 준비하려고 해요.	학습내용	취업 준비 관련된 표현	
	핵심어법	동사 + 时 shí | 동사 + 不了 bùliǎo	
	문화	중국의 호적 제도	

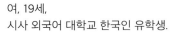

金智慧(김지혜) Jīn Zhìhuì

여, 19세,
시사 외국어 대학교 한국인 유학생.

张伟(장웨이) Zhāng Wěi

남, 20세,
시사 외국어 대학교 2학년 학생.

일러두기

품사 약어

명사	명	형용사	형	접속사	접
고유명사	고유	부사	부	감탄사	감
동사	동	수사	수	조사	조
조동사	조동	양사	양		
대사	대사	개사	개		

1과

请出示一下身份证。

Qǐng chūshì yíxià shēnfènzhèng.

신분증을 제시해 주세요.

**학습
내용** 비행기, 기차 등 교통수단 이용 표현

**핵심
어법** 부사 只 zhǐ | 동사 给 gěi

문화 중국의 국내 교통수단 - 기차

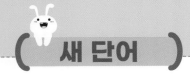

01-1

- 火车票 huǒchēpiào 명 기차표
- 售票员 shòupiàoyuán 명 매표원
- 只 zhǐ 부 단지, 오직
- 出发 chūfā 동 출발하다
- 要 yào 동 원하다, 필요하다

- 张 zhāng 양 종이, 책상과 같은 넓은 표면을 가진 것을 세는 단위
- 出示 chūshì 동 제시하다
- 身份证 shēnfènzhèng 명 신분증
- 给 gěi 동 주다

✏️ 써 보고 익히기

火	火			示	示		
车	车			身	身		
票	票			份	份		
出	出			证	证		

金智慧
Jīn Zhìhuì

您好，有五月十号去上海的火车票吗？

Nín hǎo, yǒu wǔ yuè shí hào qù Shànghǎi de huǒchēpiào ma?

售票员
Shòupiàoyuán

只有十二点出发的。您要吗？

Zhǐ yǒu shí'èr diǎn chūfā de. Nín yào ma?

金智慧
Jīn Zhìhuì

我要两张。

Wǒ yào liǎng zhāng.

售票员
Shòupiàoyuán

请出示一下身份证。

Qǐng chūshì yíxià shēnfènzhèng.

金智慧
Jīn Zhìhuì

给您。

Gěi nín.

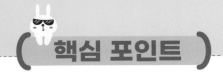
핵심 포인트

1 부사 只 zhǐ

只 zhǐ는 술어 앞에 위치하여 '단지', '오직'의 뜻을 나타냅니다.

- 只有十二点出发的。 오직 12시에 출발하는 표만 있어요.
  Zhǐ yǒu shí'èr diǎn chūfā de.

- 我只喝了一杯牛奶。 나는 우유 한 잔만 마셨어요.
  Wǒ zhǐ hē le yì bēi niúnǎi.

- 学校只有一家咖啡店。 학교에는 커피숍이 한 곳만 있어요.
  Xuéxiào zhǐ yǒu yì jiā kāfēidiàn.

- 他只花了三十分钟。 그는 30분만 사용했어요.
  Tā zhǐ huā le sānshí fēnzhōng.

어휘 咖啡店 kāfēidiàn 명 커피숍 ㅣ 花 huā 동 (돈이나 시간을) 쓰다 ㅣ 分钟 fēnzhōng 명 분(시간)

2 **동사 给** gěi

给 gěi는 우리말로 '주다'는 의미입니다. 주로 두 개의 목적어를 취하여 '给 gěi + A + B'의 구조를 이루며, 'A에게 B를 주다'는 뜻을 나타냅니다.

- 给您钱。 (당신에게) 돈을 드릴게요. [돈 받으세요]
  Gěi nín qián.

- 给您护照。 (당신에게) 여권을 드릴게요. [여권 받으세요]
  Gěi nín hùzhào.

- 给我两张电影票。 저에게 영화표 두 장을 주세요.
  Gěi wǒ liǎng zhāng diànyǐngpiào.

- 给我您的书包。 저에게 당신의 책가방을 주세요.
  Gěi wǒ nín de shūbāo.

어휘 护照 hùzhào 명 여권 | 电影票 diànyǐngpiào 명 영화표 | 书包 shūbāo 명 책가방

✏️ **핵심 정리 해 보기**

연습문제

1 주어진 사진 중에서 녹음 내용과 일치하는 것을 선택하세요. 🎧 01-3

A.

B.

C.

D.

E.

예시 我吃饭。 Wǒ chī fàn.	D

(1) 　　　　　　　　　　　　　　　　　　　

(2) 　　　　　　　　　　　　　　　　　　　

(3) 　　　　　　　　　　　　　　　　　　　

(4)

2 밑줄 친 부분을 제시어로 바꿔 대화를 완성하세요. (01-4)

(1) 只<u>有十二点出发</u>的。
　　Zhǐ yǒu shí'èr diǎn chūfā de.

> 喝了一杯牛奶
> hē le yì bēi niúnǎi
>
> 有一家咖啡店
> yǒu yì jiā kāfēidiàn
>
> 花了三十分钟
> huā le sānshí fēnzhōng

(2) **A:** 请出示一下<u>身份证</u>。　　　　　　**B:** 给您。
　　　Qǐng chūshì yíxià shēnfènzhèng.　　　　　Gěi nín.

> 护照
> hùzhào
>
> 火车票
> huǒchēpiào
>
> 学生证
> xuéshēngzhèng

3 다음 상황을 참고해서 친구와 교통수단 표를 구매하는 대화를 연습해 보세요.

예시
A: 您好，有五月十号去上海的火车票吗?
Nín hǎo, yǒu wǔ yuè shí hào qù Shànghǎi de huǒchēpiào ma?

B: 只有十二点出发的。您要吗?
Zhǐ yǒu shí'èr diǎn chūfā de. Nín yào ma?

A: 我要一张。
Wǒ yào yì zhāng.

	날짜	목적지	교통수단 표	시간
상황1	六月十五号 liù yuè shíwǔ hào	釜山 Fǔshān	火车票 huǒchēpiào	十点 shí diǎn
상황2	七月二十号 qī yuè èrshí hào	济州岛 Jìzhōudǎo	飞机票 fēijīpiào	两点 liǎng diǎn
상황3	十二月二十四号 shí'èr yuè èrshísì hào	北京 Běijīng	飞机票 fēijīpiào	四点 sì diǎn

참고 어휘 釜山 Fǔshān 몡 부산[지명] | 济州岛 Jìzhōudǎo 몡 제주도[지명] | 飞机票 fēijīpiào 몡 비행기표

4 제시된 질문에 알맞은 답을 골라 네모 칸 안에 알파벳을 적어 보세요.

예시
Nǐ shì Hánguórén ma?
你是韩国人吗?

B

A Zhǐ yǒu shí'èr diǎn chūfā de.
只有十二点出发的。

(1) Yǒu qù Fǔshān de huǒchē ma?
有去釜山的火车吗?

B Bú shì.
不是。

(2) Qǐng chūshì yíxià xuéshēngzhèng.
请出示一下学生证。

C Wǒ yào sān zhāng.
我要三张。

(3) Nín yào jǐ zhāng huǒchēpiào?
您要几张火车票?

D Gěi nín.
给您。

중국의 국내 교통수단 - 기차

중국 대륙을 종횡하는 교통수단으로는 비행기, 고속버스, 기차, 자가운전 등이 있지만, 그중에서도 으뜸은 단연코 '기차'입니다.

중국의 열차는 놀라울 정도로 항상 만석에 가깝습니다. 이뿐만 아니라, 중국의 열차는 노선이 무척 다양한데도 기차마다 출발과 도착 시각이 엄격하게 지켜집니다. 왜냐하면 한 노선의 일정이 조금만 틀어져도 대륙의 거대한 열차 노선이 모두 꼬이기 때문입니다.

좌석 지정 시스템이 없어서 자리를 먼저 차지하려고 문이 열리자마자 뛰어야 했을 정도로 열차 이용에 어려움이 있었던 시절도 있었으나, 지금은 중국 전역을 몇 시간 안에 갈 수 있는 우리나라의 KTX와 유사한 쾌속기차(高铁)가 보편화 되는 등 중국의 대중교통 발전 상황은 굉장하다 할 수 있습니다.

또한 최근에는 해외에서도 미리 기차 예약이 가능합니다. 예전에는 현지에서만 예약이 가능했지만, ○○닷컴과 같은 중국 대형 여행사의 해외 버전을 이용하게 되면서 중국 국내선 비행기, 기차 등의 예약이 모두 가능해져서 중국의 교통수단을 더욱 쉽고 편리하게 이용할 수 있습니다. 단 주의할 점은 기차표의 경우 예약이 되었더라도 하루 전에 취소되는 경우도 있다고 하니 예약을 미리 확인해야 합니다.

중국 여행을 한다면, 중국만의 기차 여행 문화를 꼭 경험해 보길 권장합니다.

2과

师傅，去外滩。

Shīfu, qù Wàitān.

기사님, 와이탄으로 가 주세요.

학습 내용 이동 시간을 물어볼 때 쓰는 표현

핵심 어법 多长时间 duōcháng shíjiān | 有点儿 yǒudiǎnr

문화 중국의 대중교통

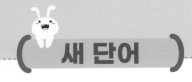

새 단어

□ **师傅** shīfu 명 스승, 사부, 그 일에 숙달한 사람

□ **外滩** Wàitān 고유 와이탄[지명]

□ **需要** xūyào 동 필요로 하다, 요구되다

□ **多长时间** duōcháng shíjiān
　　　　　　(시간이) 얼마나

□ **小时** xiǎoshí 명 시간[시간 명사]

□ **有点儿** yǒudiǎnr 부 조금, 약간

□ **着急** zháojí 동 조급해 하다, 초조해 하다

□ **麻烦** máfan 동 귀찮게 하다, 번거롭게 하다

□ **一点儿** yìdiǎnr 명 정도가 약함을 나타냄
　　　　　　('一'를 종종 생략함)

✏️ 써 보고 익히기

多	多		着	着
长	长		急	急
时	时		麻	麻
间	间		烦	烦

张 伟
Zhāng Wěi

师傅，去外滩。
Shīfu,　qù Wàitān.

司 机
Sījī

好的。
Hǎo de.

张 伟
Zhāng Wěi

需要多长时间？
Xūyào duōcháng shíjiān?

司 机
Sījī

需要一个小时。
Xūyào yí ge xiǎoshí.

张 伟
Zhāng Wěi

我有点儿着急。麻烦您快(一)点儿。
Wǒ yǒudiǎnr zháojí.　Máfan nín kuài (yì)diǎnr.

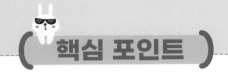

1 多长时间 duōcháng shíjiān

多长时间 duōcháng shíjiān은 '얼마나'라는 뜻으로 시간의 양 또는 기간에 대해 물을 때 사용합니다.

A 需要多长时间? (시간이) 얼마나 필요해요?
   Xūyào duōcháng shíjiān?

B 需要一个小时。 한 시간 필요해요.
   Xūyào yí ge xiǎoshí.

A 去北京需要多长时间? 베이징에 가는 데 (시간이) 얼마나 걸려요?
   Qù Běijīng xūyào duōcháng shíjiān?

B 需要两个小时。 두 시간 걸려요.
   Xūyào liǎng ge xiǎoshí.

A 你玩儿了多长时间? 당신은 얼마나 놀았어요?
   Nǐ wánr le duōcháng shíjiān?

B 我玩儿了四十分钟。 저는 40분 동안 놀았어요.
   Wǒ wánr le sìshí fēnzhōng.

A 你等了多长时间? 당신은 얼마나 기다렸어요?
   Nǐ děng le duōcháng shíjiān?

B 我等了三十分钟。 저는 30분 동안 기다렸어요.
   Wǒ děng le sānshí fēnzhōng.

2 **有点儿** yǒudiǎnr

有点儿 yǒudiǎnr은 '조금', '약간'을 의미하며, 보통 부정적 의미의 형용사 앞에 쓰여 불만 또는 불편의 정도를 나타냅니다.

- 我有点儿**着急**。 제가 조금 급해요.
  Wǒ yǒudiǎnr zháojí.

- 这个有点儿**贵**。 이것은 조금 비싸요.
  Zhè ge yǒudiǎnr guì.

- 天气有点儿**冷**。 날씨가 약간 추워요.
  Tiānqì yǒudiǎnr lěng.

- 我有点儿**忙**。 제가 조금 바빠요.
  Wǒ yǒudiǎnr máng.

✏️ **핵심 정리 해 보기**

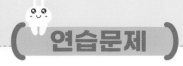

1 주어진 사진 중에서 녹음 내용과 일치하는 것을 선택하세요. 02-3

A.

B.

C.

D.

E.

| 예시 | 我吃饭。 Wǒ chī fàn. | D |

(1) ☐

(2) ☐

(3) ☐

(4) ☐

2 밑줄 친 부분을 제시어로 바꿔 대화를 완성하세요. 🎧02-4

(1) A: 去外滩需要多长时间?
        Qù Wàitān xūyào duōcháng shíjiān?

B: 需要一个小时。
      Xūyào yí ge xiǎoshí.

首尔站
Shǒu'ěr zhàn

仁川
Rénchuān

韩国大学
Hánguó dàxué

四十分钟
sìshí fēnzhōng

两个小时
liǎng ge xiǎoshí

三十分钟
sānshí fēnzhōng

(2) 我有点儿着急。
      Wǒ yǒudiǎnr zháojí.

天气
Tiānqì

冷
lěng

这个
Zhè ge

贵
guì

我
Wǒ

忙
máng

어휘 站 zhàn 명 역, 정거장 ｜ 仁川 Rénchuān 명 인천[지명]

3 다음 상황을 참고해서 친구와 이동 시간 관련 대화를 연습해 보세요.

예시 **A:** 从首尔到釜山需要多长时间?
Cóng Shǒu'ěr dào Fǔshān xūyào duōcháng shíjiān?

B: 需要三个小时。
Xūyào sān ge xiǎoshí.

	이동 구간	소요 시간
상황 1	首尔 → 釜山 Shǒu'ěr Fǔshān	三个小时 sān ge xiǎoshí
상황 2	北京 → 上海 Běijīng Shànghǎi	两个小时 liǎng ge xiǎoshí
상황 3	这儿 → 春川 zhèr Chūnchuān	一个小时 yí ge xiǎoshí
상황 4	家 → 学校 jiā xuéxiào	四十分钟 sìshí fēnzhōng

참고 어휘 从……到…… cóng……dào…… ~부터 ~까지 | 春川 Chūnchuān 명 춘천[지명]

4 제시된 질문에 알맞은 답을 골라 괄호 안에 알파벳을 적어 보세요.

보기 Ⓐ 有点儿 yǒudiǎnr Ⓑ 需要 xūyào Ⓒ 一点儿 yìdiǎnr Ⓓ 韩国人 Hánguórén

예시 我是 (Ⓓ)。
Wǒ shì (   ).

(1) 去外滩 (   ) 一个小时。
Qù Wàitān (   ) yí ge xiǎoshí.

(2) 我 (   ) 忙。
Wǒ (   ) máng.

(3) 麻烦您快 (   )。
Máfan nín kuài (   ).

중국의 대중교통

　중국의 대중교통은 우리나라와 크게 다른 점은 없지만, 대중교통 요금이 우리나라에 비해 비교적 저렴한 편이며 지역마다 요금에 차이가 있다는 것이 특징입니다.

　중국의 대도시에서 주로 이용할 수 있는 대중교통으로는 지하철과 택시가 있습니다. 상하이 지하철의 경우, 노선이 18호선까지 확장되어 상하이의 동서남북 외곽까지 연결되어 매우 편리해졌습니다. 다만 지하철역과 역 사이의 거리가 우리나라보다 훨씬 멀어서 역에서 내려 목적지까지 갈 때에는 유료 공용자전거를 자주 이용합니다.

　중국에서 대중교통 요금은 위챗페이나 알리페이로 결제가 가능합니다. 알리페이나 위챗페이의 개인 교통 QR로 사용이 가능하니 참고하면 좋습니다.

　지리를 잘 모르는 외국인이라면 택시를 이용하는 것이 더 편할 수 있는데, 중국에서는 우리의 카오택시나 O버 같은 택시 어플인 DD出行을 이용하면 택시를 편리하게 이용할 수 있습니다. 알리페이에 한국 전화번호와 개인 신용카드를 연결하면 중국에서도 영어 지도와 매뉴얼을 활용해서 택시를 부를 수 있고, 심지어 중국어 한마디 하지 않고도 안전하게 원하는 장소에 갈 수 있습니다.

　또한 중국 대도시에서는 결제 시 우리나라의 카오 페이나 네이버 페이도 활용할 수 있으니 미리 정보를 알아보면 좋습니다.

3과

可以微信支付吗?
Kěyǐ Wēixìn zhīfù ma?
위챗으로 결제해도 될까요?

학습 내용	오프라인 매장에서 쇼핑 및 결제할 때 쓰는 표현
핵심 어법	양사 ǀ 개사 给 gěi + 대상 + 동사
문화	QR이면 모든 결제 가능

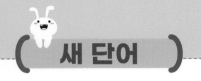

새 단어

03-1

□ **双** shuāng 양 켤레, 쌍

□ **鞋** xié 명 신발

□ **可以** kěyǐ 조동 ~해도 되다, 할 수 있다

□ **试穿** shìchuān 통 입어보다, 신어보다

□ **职员** zhíyuán 명 직원, 사무원

□ **当然** dāngrán 부 당연히, 물론

□ **新款** xīnkuǎn 명 새로운 스타일

□ **不错** búcuò 형 맞다, 좋다

□ **给** gěi 개 ~에게

□ **包** bāo 통 포장하다, 싸다

□ **支付** zhīfù 통 지불하다

□ **扫** sǎo 통 (QR코드, 바코드 등을) 스캔하다

✏️ 써 보고 익히기

试	试			新	新	
穿	穿			款	款	
当	当			支	支	
然	然			付	付	

金智慧
Jīn Zhìhuì

这双鞋可以试穿吗?
Zhè shuāng xié kěyǐ shìchuān ma?

职　员
Zhíyuán

当然可以。这是今年的新款。
Dāngrán kěyǐ.　Zhè shì jīnnián de xīnkuǎn.

金智慧
Jīn Zhìhuì

很不错。给我包一下。可以微信支付吗?
Hěn búcuò.　Gěi wǒ bāo yíxià.　Kěyǐ Wēixìn zhīfù ma?

职　员
Zhíyuán

微信和支付宝都可以。您扫这儿。
Wēixìn hé Zhīfùbǎo dōu kěyǐ.　Nín sǎo zhèr.

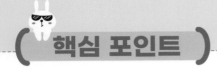

1 양사

현대중국어는 매우 다양한 종류의 양사가 있는 것이 특징인데, 양사는 주로 수사, 지시대사 这 zhè / 那 nà, 의문사 几 jǐ 등의 뒤에 자주 사용합니다.

- **这双鞋可以试穿吗?** 이 신발 신어봐도 될까요?
  Zhè shuāng xié kěyǐ shìchuān ma?

- **她买了三张火车票。** 그녀는 기차표 세 장을 구매했어요.
  Tā mǎi le sān zhāng huǒchēpiào.

- **我有一个好办法。** 제게 좋은 방법이 하나 있어요.
  Wǒ yǒu yí ge hǎo bànfǎ.

- **你借了几本书?** 당신은 책을 몇 권 빌렸어요?
  Nǐ jiè le jǐ běn shū?

어휘　**办法** bànfǎ 명 방법 ｜ **借** jiè 동 빌리다, 대여하다

2 개사 给 gěi + 대상 + 동사

给 gěi는 '~에게'라는 뜻으로 뒤에 오는 행위의 수혜자(대상)에게 어떤 행동(동사)을 행함을 나타냅니다.

- 给我包一下。 (제게) 포장해 주세요.
  Gěi wǒ bāo yíxià.

- 给我买一杯咖啡。 (제게) 커피 한 잔 사주세요.
  Gěi wǒ mǎi yì bēi kāfēi.

- 我给你打电话。 제가 당신에게 전화할게요.
  Wǒ gěi nǐ dǎ diànhuà.

- 我给你介绍中国朋友。 제가 (당신에게) 중국 친구를 소개해 드릴게요.
  Wǒ gěi nǐ jièshào Zhōngguó péngyou.

어휘   介绍 jièshào 통 소개하다

✏️ **핵심 정리 해 보기**

1 주어진 사진 중에서 녹음 내용과 일치하는 것을 선택하세요. 🎧 03-3

A.

B.

C.

D.

E.

예시 我吃饭。 Wǒ chī fàn.	D
(1)	
(2)	
(3)	
(4)	

2 밑줄 친 부분을 제시어로 바꿔 대화를 완성하세요. 🎧03-4

(1) **A:** 这双鞋可以试穿吗?
　　 Zhè shuāng xié kěyǐ shìchuān ma?

　　　　　　　　　　　　　　　　　　　　B: 当然可以。
　　　　　　　　　　　　　　　　　　　　　 Dāngrán kěyǐ.

那块手表 Nà kuài shǒubiǎo	看一下 kàn yíxià
这件衣服 Zhè jiàn yīfu	试试 shìshi
那辆自行车 Nà liàng zìxíngchē	骑一下 qí yíxià

(2) 给我包一下。
　　 Gěi wǒ bāo yíxià.

买一杯咖啡 mǎi yì bēi kāfēi
打电话 dǎ diànhuà
介绍中国朋友 jièshào Zhōngguó péngyou

어휘　**手表** shǒubiǎo 명 손목시계 ｜ **辆** liàng 양 대(차량을 세는 단위)

3 배운 표현을 활용하여 사진을 보고 중국어 문장을 말하세요.

(1)

참고 어휘 不可以 bù kěyǐ

(2)

참고 어휘 不可以 bù kěyǐ

(3)

참고 어휘 可以 kěyǐ

(4)

참고 어휘 可以 kěyǐ

4 제시된 질문에 알맞은 답을 골라 네모 칸 안에 알파벳을 적어 보세요.

예시
Nǐ shì Hánguórén ma?
你是韩国人吗?

B

Ⓐ Xièxie.
谢谢。

(1)
Kěyǐ Wēixìn zhīfù ma?
可以微信支付吗?

Ⓑ Bú shì.
不是。

(2)
Wǒ gěi nǐ mǎi kāfēi.
我给你买咖啡。

Ⓒ Kěyǐ.
可以。

(3)
Zhè shuāng xié shì jīnnián de xīnkuǎn.
这双鞋是今年的新款。

Ⓓ Hěn búcuò.
很不错。

QR이면 모든 결제 가능

중국에서 결제를 하려고 할 때 가장 많이 듣는 말은 바로 "여기를 스캔해 주세요." 입니다. 실제로 스캔만 하면 결제가 바로 되기 때문입니다. 요즘 중국은 핀테크의 생활화가 이미 실현되어 휴대 전화 없는 삶은 상상할 수 없게 되었습니다. 휴대 전화만 있다면 어디든 가서 무엇이든 할 수 있지요.

식당에서도 마찬가지입니다. 좌석에 앉으면 테이블마다 QR 코드가 있습니다. QR 코드를 찍어 메뉴를 직접 선택해 주문하고, 심지어 식사를 다한 후 결제까지 가능합니다. QR 코드로 한 주문이 주방에 바로 접수되고 순서대로 음식이 나옵니다. 추가 주문도 똑같이 QR 코드로 할 수 있어 사람 간의 교류가 점점 줄어들고 있습니다.

택시를 이용할 때에도 좌석 앞에 있는 QR 코드를 스캔해서 요금을 지불합니다. 상점에서도, 커피숍에서도 현금이나 카드로 결제하는 사람은 거의 없습니다.

그렇다고 내 카드 정보가 유출되거나 무단 결제가 될까 봐 너무 걱정하지는 마세요. 결제할 때 얼굴, 지문 등의 다양한 인증 절차가 필요하기 때문에 지금까지 중국에서 위챗이나 알리페이로 결제를 하면서 문제가 됐던 적은 없습니다. 다만, 결제 시스템에 여러 개의 신용카드를 저장해 놓으면, 어떤 카드에서 결제가 되는지 인지하지 못할 때가 있습니다.

또한 만약 해외 결제 카드로 교통비를 지급했을 경우 겨우 몇 백원을 지급하기 위해 많은 수수료를 내야 할 수 있으니 이런 점은 주의하세요!

4과

为什么还没有发货?

Wèishénme hái méiyǒu fāhuò?

상품 배송이 왜 아직도 되지 않나요?

학습 내용	중국 온라인 쇼핑몰에서 상품 배송 문의할 때 쓰는 표현
핵심 어법	没(有) méi(yǒu) + 동사 | A 帮 bāng B + 동사
문화	중국의 온라인 쇼핑 활성화

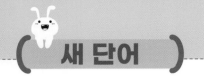

새 단어

04-1

□ **客服** kèfú 명 고객센터, 서비스센터

□ **亲** qīn 고유 온라인 고객에 대한 애칭

□ **行李箱** xínglixiāng 명 캐리어, 여행가방

□ **为什么** wèishénme 대 왜

□ **发货** fāhuò 동 물건을 발송하다, 배송하다

□ **一般** yìbān 부 일반적으로, 보통

□ **内** nèi 명 내, 안

□ **帮** bāng 동 돕다

□ **催** cuī 동 재촉하다

✏️ 써 보고 익히기

客	客			一	一	
服	服			般	般	
发	发			帮	帮	
货	货			催	催	

04-2

장웨이가 채팅으로 상품 배송 문의를 하고 있어요.

张 伟
Zhāng Wěi

您好！在吗？
Nín hǎo! Zài ma?

客 服
Kèfú

您好！亲，在呢。
Nín hǎo! Qīn, zài ne.

张 伟
Zhāng Wěi

我上周三买了一个行李箱，
Wǒ shàngzhōu sān mǎi le yí ge xínglixiāng,

为什么还没有发货？
wèishénme hái méiyǒu fāhuò?

客 服
Kèfú

亲，一般一个星期内发货，这边帮您催一下。
Qīn, yìbān yí ge xīngqī nèi fāhuò, zhèbiān bāng nín cuī yíxià.

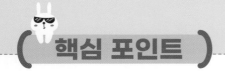

1 **没(有)** méi(yǒu) **+ 동사**

'没(有) méi(yǒu) + 동사'는 '~하지 않았다'는 뜻으로 행동 혹은 동작의 완료에 대한 부정을 표현할 때 쓰입니다.

- **为什么还没(有)发货?** 왜 아직도 배송이 안 되었나요?
  Wèishénme hái méi(yǒu) fāhuò?

- **我还没(有)做作业。** 저는 아직 숙제를 하지 않았어요.
  Wǒ hái méi(yǒu) zuò zuòyè.

- **我的朋友还没(有)走。** 제 친구는 아직 가지 않았어요.
  Wǒ de péngyou hái méi(yǒu) zǒu.

- **我们还没(有)上课。** 우리는 아직 수업을 안 했어요.
  Wǒmen hái méi(yǒu) shàngkè.

어휘   **作业** zuòyè 🕮 숙제, 과제

44

2 A 帮 bāng B + 동사

帮 bāng은 '돕다'는 뜻으로 'A 帮 bāng B + 동사'의 구조를 가지며, 'A가 B를 도와서 ~(을) ~하다'
는 의미를 나타냅니다.

- 这边帮您催一下。 이쪽에서 (당신을 도와서) 재촉해 보겠습니다.
  Zhèbiān bāng nín cuī yíxià.

- 帮我按一下四楼。 (저를 도와) 4층 좀 눌러 주세요.
  Bāng wǒ àn yíxià sì lóu.

- 我帮妈妈打扫房间。 저는 엄마를 도와서 방 청소를 해요.
  Wǒ bāng māma dǎsǎo fángjiān.

- 我帮朋友买火车票。 저는 친구를 도와서 기차표를 사요.
  Wǒ bāng péngyou mǎi huǒchēpiào.

어휘   按 àn 통누르다 | 楼 lóu 명층 | 打扫 dǎsǎo 통청소하다 | 房间 fángjiān 명방

✏️ 핵심 정리 해 보기

1 주어진 사진 중에서 녹음 내용과 일치하는 것을 선택하세요. 🎧04-3

A.    B.

C.    D.

E.

예시 我吃饭。　Wǒ chī fàn.	D

(1)   ☐

(2)   ☐

(3)   ☐

(4)   ☐

2 밑줄 친 부분을 제시어로 바꿔 대화를 완성하세요. 🎧04-4

(1) 你们还没有发货。
  Nǐmen hái méiyǒu fāhuò.

我 Wǒ	做作业 zuò zuòyè
我的朋友 Wǒ de péngyou	走 zǒu
我们 Wǒmen	上课 shàngkè

(2) 这边帮您催一下。
  Zhèbiān bāng nín cuī yíxià.

您 Nín	我 wǒ	按一下四楼 àn yíxià sì lóu
我 Wǒ	妈妈 māma	打扫房间 dǎsǎo fángjiān
我 Wǒ	朋友 péngyou	买火车票 mǎi huǒchēpiào

3 배운 표현을 활용하여 사진을 보고 중국어 문장을 말하세요.

(1)

참고 어휘 买了 mǎi le /
行李箱 xínglixiāng

(2)

참고 어휘 帮 bāng / 按 àn

(3)

참고 어휘 帮 bāng / 打扫 dǎsǎo

(4)

참고 어휘 没有 méiyǒu /
上课 shàngkè

4 제시된 질문에 알맞은 답을 골라 네모 칸 안에 알파벳을 적어 보세요.

예시
Nǐ shì Hánguórén ma?
你是韩国人吗?

B

Wǒmen yìbān yí ge xīngqī nèi fāhuò.
Ⓐ 我们一般一个星期内发货。

(1)
Nín hǎo! Zài ma?
您好！在吗？

Bú shì.
Ⓑ 不是。

(2)
Wèishénme hái méiyǒu fāhuò?
为什么还没有发货？

Nín hǎo! Qīn，zài ne.
Ⓒ 您好！亲，在呢。

(3)
Nín bāng wǒ àn yíxià sì lóu.
您帮我按一下四楼。

Hǎo de.
Ⓓ 好的。

중국의
온라인 쇼핑
활성화

2010년대에 중국에서 유학하면서 저렴하고 유용한 전자기기를 다양하게 사용해 보았습니다. 특히, 아침에 따뜻한 두유를 직접 갈아 먹는 것을 좋아해서 중국의 각종 두유 제조기 브랜드를 사용해 보기도 했습니다. 귀국할 때 잘 사용했던 전자기기 몇 가지를 사 왔었는데, 최근에 모두 고장 나서 쓸 수가 없게 되었습니다. 얼마전 다시 사기 위해 오프라인 매장을 찾았지만, 아무리 다녀봐도 가성비 좋은 중국 전자기기는 찾을 수가 없었습니다. 알고보니 저렴한 물건들은 모두 인터넷 쇼핑몰에서 판매가 되고 있었고, 오프라인 매장은 주로 고가의 물품을 전시하고 있는 형태로 시장 자체가 변화해 있었습니다.

최근 중국은 도시마다 있었던 전자기기 마트, 대형마트 등이 점점 사라져 가고 자연스럽게 오프라인 매장을 찾는 사람들의 수도 줄고 있는 추세입니다. 사람들이 사라진 쇼핑몰에서 매장 직원들은 매우 친절하게 손님을 부릅니다.

사람들은 이제는 언제 어디서든 시간과 장소에 구애받지 않고 편하게 주문하고 배송받을 수 있는 온라인 매장에서 물건을 사고 있습니다. 오프라인 매장이 빠르게 사라지고 있는 곳, 바로 중국입니다.

5과

我想往韩国寄一个包裹。

Wǒ xiǎng wǎng Hánguó jì yí ge bāoguǒ.

저는 한국으로 소포를 보내고 싶습니다.

학습 내용 우편물을 발송할 때 쓰는 표현

핵심 어법 방위사 | 방향을 나타내는 往 wǎng

문화 중국의 배송 문화

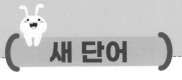

새 단어

□ **想** xiǎng 동 생각하다, ~하고 싶다

□ **往** wǎng 개 ~쪽으로, ~를(을) 향해

□ **寄** jì 동 보내다

□ **包裹** bāoguǒ 명 소포

□ **里** lǐ 명 안

□ **邮局** yóujú 명 우체국

□ **填写** tiánxiě 동 작성하다, 채우다

□ **表格** biǎogé 명 양식, 서식, 표

□ **邮费** yóufèi 명 우편 요금, 배송비

✏️ **써 보고 익히기**

包	包		填	填	
裹	裹		写	写	
邮	邮		表	表	
局	局		格	格	

金智慧
Jīn Zhìhuì

你好，我想往韩国寄一个包裹。

Nǐ hǎo, wǒ xiǎng wǎng Hánguó jì yí ge bāoguǒ.

邮局职员
Yóujú zhíyuán

请填写这个表格，包裹里有什么？

Qǐng tiánxiě zhè ge biǎogé, bāoguǒ li yǒu shénme?

金智慧
Jīn Zhìhuì

是一些衣服和书。

Shì yìxiē yīfu hé shū.

邮局职员
Yóujú zhíyuán

邮费是150元。

Yóufèi shì yì bǎi wǔ shí yuán.

1 방위사

방위사는 방향이나 위치를 나타내며, 방위사 뒤에 边 biān이 오면 '~(어느)쪽'이라는 의미입니다. 이때 边은 里边 lǐbian '안쪽', 上边 shàngbian '위쪽'처럼 경성으로 읽습니다. 하지만 旁边 pángbiān '옆쪽', 那边 nàbiān '저쪽'은 边의 원래 성조인 1성으로 읽습니다. 현대중국어에서 자주 쓰이는 방위사는 주로 아래와 같습니다.

의미	안	밖	위	아래	앞	뒤	좌	우	옆
방위사	里 lǐ	外 wài	上 shàng	下 xià	前 qián	后 hòu	左 zuǒ	右 yòu	旁 páng

- 包裹里有什么? 소포 안에 무엇이 있나요?
  Bāoguǒ li yǒu shénme?

- 手机在桌子上。 휴대 전화는 책상 위에 있어요.
  Shǒujī zài zhuōzi shàng.

- 学校前边有一个公园。 학교 앞쪽에 공원이 하나 있어요.
  Xuéxiào qiánbian yǒu yí ge gōngyuán.

- 他坐在我左边。 그는 제 왼쪽에 앉아 있어요.
  Tā zuò zài wǒ zuǒbian.

어휘   桌子 zhuōzi 명 책상, 테이블 | 公园 gōngyuán 명 공원 | 坐 zuò 통 앉다

2 방향을 나타내는 往 wǎng

往 wǎng은 '~쪽으로', '~를 향해'라는 뜻으로 행동의 방향이나 목적지를 나타낼 때 쓰입니다.

- 往韩国寄包裹。 한국으로 소포를 보냅니다.
  Wǎng Hánguó jì bāoguǒ.

- 我们往学校走。 우리는 학교쪽으로 걸어갑니다.
  Wǒmen wǎng xuéxiào zǒu.

- 你往前看。 앞을 보세요.
  Nǐ wǎng qián kàn.

- 他往那边去了。 그는 저쪽으로 갔어요.
  Tā wǎng nàbiān qù le.

어휘   那边 nàbiān 명 저쪽, 그쪽

✏️ 핵심 정리 해 보기

1 주어진 사진 중에서 녹음 내용과 일치하는 것을 선택하세요. 05-3

A.

B.

C.

D.

E.

예시	我吃饭。 Wǒ chī fàn.	D
(1)		
(2)		
(3)		
(4)		

2 밑줄 친 부분을 제시어로 바꿔 대화를 완성하세요. 🎧 05-4

(1) 包裹里有衣服吗?
Bāoguǒ li yǒu yīfu ma?

书包 Shūbāo	书 shū
食堂 Shítáng	客人 kèrén
教室 Jiàoshì	学生 xuésheng

(2) 往韩国寄包裹。
Wǎng Hánguó jì bāoguǒ.

学校 xuéxiào	走 zǒu
前 qián	看 kàn
那边 nàbiān	去了 qù le

어휘 　客人 kèrén 명 손님 | 教室 jiàoshì 명 교실

3 想과 不想을 이용하여 말해 보고 아래 표를 완성해 보세요.

예시 我(不)想 _____ 。
Wǒ (bù) xiǎng _____.

구분	하고 싶은 것(想)	하고 싶지 않은 것(不想)
1		
2		
3		

4 제시된 질문에 알맞은 답을 골라 괄호 안에 알파벳을 적어 보세요.

보기 🅐 往 wǎng   🅑 一些 yìxiē   🅒 填写 tiánxiě   🅓 韩国人 Hánguórén

예시 我是 (🅓) 。
Wǒ shì ( ).

(1) 请 ( ) 这个表格。
Qǐng ( ) zhè ge biǎogé.

(2) 包裹里有 ( ) 衣服和书。
Bāoguǒ li yǒu ( ) yīfu hé shū.

(3) 你 ( ) 前看。
Nǐ ( ) qián kàn.

중국의
배송 문화

최근 중국도 우리나라의 로켓배송처럼 아침에 온라인으로 상품을 주문하면 오후에 문 앞에 도착하는 빠른 택배 시스템이 자리를 잡았습니다. 넓은 땅덩어리도 아랑곳 않고 초고속 배송이 가능한 나라 중국! 상하이에 살면서 충칭에 있는 마라탕 소스를 온라인으로 주문하면 그날 저녁 또는 다음날 오전까지는 무조건 상품을 받을 수 있습니다. 심지어 파손 하나 되지 않고요! 이처럼 중국 택배 시스템의 안정으로 인해 주문을 꺼리던 많은 한국인들도 최근에는 중국 온라인 쇼핑몰을 많이 이용하고 있습니다. 특히 O리 익스프레스는 가격과 배송면에서 매우 뛰어나 한국의 소비자들을 사로잡고 있습니다.

중국은 택배뿐만 아니라 음식 배달도 한국만큼이나 활발해졌습니다. 무엇보다도 배달료가 저렴한 편이어서, 아침 일찍 커피나 두유를 주문하더라도 수량과 최저 주문 가격을 고민할 필요가 없어 고객의 부담이 없습니다. 중국, 대만 등의 중화권에서 배달 문화가 활성화 되면서 자동차에 밀려 사라졌던 전동 자전거나 스쿠터가 다시 등장하여 신속한 배달을 위해 많이 사용되고 있습니다.

중국에서 유학할 기회가 생긴다면, 빠르고 저렴한 택배 배송과 음식 배달 문화를 꼭 체험해 보세요!

6과

我要租房子。

Wǒ yào zū fángzi.

저는 월세 집을 구하려고 합니다.

학습 내용	월세 집을 알아볼 때 쓰는 표현
핵심 어법	접속사 还有 háiyǒu ㅣ동사 在 zài + 장소
문화	중국의 집 구조

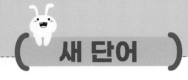

새 단어

 06-1

□ **房屋中介** fángwū zhōngjiè 명 부동산

□ **房子** fángzi 명 집, 방

□ **租** zū 동 세내다, 세놓다

□ **要求** yāoqiú 명 동 요구(하다)

□ **在** zài 동 ~에 있다

□ **外大** Wàidà 고유 외국어 대학교

□ **附近** fùjìn 명 근처

□ **一室一厅** yí shì yì tīng 명 거실 하나, 방 하나

□ **还有** háiyǒu 접 그리고, 또한

□ **月租** yuèzū 명 월세

□ **超过** chāoguò 동 초과하다

✏️ 써 보고 익히기

房	房			附	附		
子	子			近	近		
要	要			超	超		
求	求			过	过		

房屋中介
Fángwū zhōngjiè

您好！要看房子吗？
Nín hǎo! Yào kàn fángzi ma?

张　伟
Zhāng Wěi

我要租房子。
Wǒ yào zū fángzi.

房屋中介
Fángwū zhōngjiè

您说一下您的要求。
Nín shuō yíxià nín de yāoqiú.

张　伟
Zhāng Wěi

要在外大附近，一室一厅。
Yào zài Wàidà fùjìn, yí shì yì tīng.

还有，月租不超过4000。
Háiyǒu, yuèzū bù chāoguò sì qiān.

房屋中介
Fángwū zhōngjiè

好的，我帮您找一下。
Hǎo de, wǒ bāng nín zhǎo yíxià.

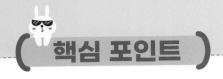

핵심 포인트

1 접속사 还有 háiyǒu

还有 háiyǒu는 '그리고', '또한'이란 의미로 앞 문장에서 언급된 내용에 새로운 정보를 추가하거나 보충할 때 쓰입니다.

- 要在外大附近，一室一厅。还有，月租不超过4000。
  Yào zài Wàidà fùjìn, yí shì yì tīng. Háiyǒu, yuèzū bù chāoguò sì qiān.
  외국어 대학교 근처에 있고 방 하나, 거실 하나가 있어야 해요. 그리고 월세가 4,000위안을 넘지 않는 집을 원해요.

- 我喜欢看书，还有旅游。
  Wǒ xǐhuan kàn shū, háiyǒu lǚyóu.
  저는 책을 읽고, 그리고 여행하는 것을 좋아해요.

- 我点了锅包肉、麻辣烫，还有两碗米饭。
  Wǒ diǎn le guōbāoròu, málàtàng, háiyǒu liǎng wǎn mǐfàn.
  저는 궈바로우, 마라탕 그리고 쌀밥 두 그릇을 주문했어요.

- 包里有一张学生证、一块手表，还有一个照相机。
  Bāo li yǒu yì zhāng xuéshēngzhèng, yí kuài shǒubiǎo, háiyǒu yí ge zhàoxiàngjī.
  가방 안에 학생증 한 장, 시계 하나 그리고 카메라 한 대가 있어요.

어휘　碗 wǎn 명양 그릇 | 包 bāo 명 가방 | 照相机 zhàoxiàngjī 명 카메라

2 동사 在 zài + 장소

在 zài는 '~에 있다'는 뜻으로 사람 혹은 사물이 어떤 장소 혹은 위치에 존재함을 나타냅니다.

- **要在外大附近。** 외국어 대학교 근처에 있는 것을 원해요.
  Yào zài Wàidà fùjìn.

- **你在哪儿?** 당신은 어디에 있어요?
  Nǐ zài nǎr?

- **我在图书馆。** 저는 도서관에 있어요.
  Wǒ zài túshūguǎn.

- **妈妈在超市 。** 엄마는 마트에 계세요.
  Māma zài chāoshì.

어휘　**哪儿** nǎr 대 어디 ｜ **图书馆** túshūguǎn 명 도서관

✏ **핵심 정리 해 보기**

1 주어진 사진 중에서 녹음 내용과 일치하는 것을 선택하세요. 🎧 06-3

A.

B.

C.

D.

E.

예시 我吃饭。 Wǒ chī fàn.	D

(1) ☐

(2) ☐

(3) ☐

(4) ☐

2 밑줄 친 부분을 제시어로 바꿔 대화를 완성하세요. 🎧06-4

(1) 要在<u>外大附近</u>，<u>一室一厅</u>。还有，<u>月租不超过</u>4000。
Yào zài Wàidà fùjìn, yí shì yì tīng. Háiyǒu, yuèzū bù chāoguò sì qiān.

我喜欢看书 Wǒ xǐhuan kàn shū	旅游 lǚyóu
我点了锅包肉 Wǒ diǎn le guōbāoròu	麻辣烫 málàtàng
包里有一张学生证 Bāo li yǒu yì zhāng xuéshēngzhèng	一个照相机 yí ge zhàoxiàngjī

(2) <u>房子</u>在<u>外大附近</u>。
Fángzi zài Wàidà fùjìn.

你 Nǐ	哪儿 nǎr
我 Wǒ	图书馆 túshūguǎn
妈妈 Māma	超市 chāoshì

3 다음 상황을 참고해서 방을 구하고 월세 관련 대화를 연습해 보세요.

예시 **A:** 您好! 我要租房子。
Nín hǎo! Wǒ yào zū fángzi.

B: 您说一下您的要求。
Nín shuō yíxià nín de yāoqiú.

A: 要在外大附近，一室一厅。还有，月租不超过4000。
Yào zài Wàidà fùjìn, yí shì yì tīng. Háiyǒu, yuèzū bù chāoguò sì qiān.

	위치	월세
상황 1	韩国大学附近 Hánguó dàxué fùjìn	不超过3000元 bù chāoguò sān qiān yuán
상황 2	地铁站附近 dìtiě zhàn fùjìn	不超过3500元 bù chāoguò sān qiān wǔ bǎi yuán
상황 3	公交车站附近 gōngjiāochē zhàn fùjìn	不超过4500元 bù chāoguò sì qiān wǔ bǎi yuán

참고 어휘 地铁 dìtiě 명 지하철 | 公交车 gōngjiāochē 명 버스

4 제시된 질문에 알맞은 답을 골라 네모 칸 안에 알파벳을 적어 보세요.

예시 Nǐ shì Hánguórén ma?
你是韩国人吗?

B

Ⓐ Wǒ zài túshūguǎn.
我在图书馆。

(1) Nín hǎo! Yào kàn fángzi ma?
您好! 要看房子吗?

Ⓑ Bú shì.
不是。

(2) Nín shuō yíxià nín de yāoqiú.
您说一下您的要求。

Ⓒ Yào zài Wàidà fùjìn, yí shì yì tīng.
要在外大附近，一室一厅。

(3) Nǐ zài nǎr?
你在哪儿?

Ⓓ Wǒ yào zū fángzi.
我要租房子。

중국의 집 구조

중국 사람들은 집을 매매하는 것이 아니라면 주로 월세의 형태로 구합니다.

중국의 전통적인 집 구조를 보면, 베이징에는 '사합원(四合院)', 상하이에는 '석고문(石庫门)'을 떠올릴 수 있습니다. 사합원은 네 개의 벽면이 하나의 집으로 구성되어 있고 중정(中庭)에 휴식 공간이나 물을 사용할 수 있는 공간을 두기도 합니다. 가족 중심이면서 여러 세대나 가정의 공동체 생활에 적합한 구조로 되어 있습니다. 석고문은 '이룽주택'이라고도 부르는데, 사합원이 닫힌 공간이라면 석고문은 석고문을 통해 개방된 구조가 특징입니다. 석고문 안으로 들어가면 문 하나에 집 하나로 이어졌고, 대부분 2층, 3층으로 되어 있습니다. 상하이 등 강남 지역은 대지가 부족했던 탓에 1층 면적을 줄이고 층을 올려 연면적을 넓혀 지었다고 합니다.

현재 중국 사람들은 우리와 비슷하게 아파트라는 주택 형태를 선호하지만, 가운데 거실을 두고 양쪽에 방이 있고, 가운데 거실을 중정처럼 사용하게 하는 구조가 여전히 남아 있습니다. 방 하나(一室), 거실 하나(一厅), 화장실 하나(一卫), 주방 하나(一厨) 등의 단위로 설명하는데, 가장 기본은 '一室一厅' 혹은 '两室一厅'이라고 할 수 있습니다. 외지에서 온 젊은이들을 중심으로 룸메이트를 구해서 함께 사는 공동 주거공간(公房)을 선호하는 사람들도 많이 있습니다.

  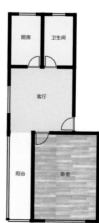

7과

欢迎光临明洞大酒店。

Huānyíng guānglín Míngdòng dà jiǔdiàn.

명동 호텔에 오신 것을 환영합니다.

학습 내용 호텔에서 체크인할 때 쓰는 표현

핵심 어법 고객 맞이 및 배웅 관련 표현 |
객실 종류 및 호텔 이용 관련 표현

문화 중국 호텔 조식 메뉴

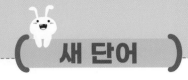
□ **前台** qiántái 명 (호텔) 카운터

□ **光临** guānglín 명 동 왕림(하다)

□ **明洞** Míngdòng 고유 명동[지명]

□ **(大)酒店** (dà) jiǔdiàn 명 호텔

□ **网上** wǎngshang 명 인터넷, 온라인

□ **预定** yùdìng 동 예약하다

□ **间** jiān 양 칸(방을 세는 단위)

□ **大床房** dàchuáng fáng 명 더블룸, 큰 침대가 있는 방

□ **号** hào 양 ~호

□ **房卡** fángkǎ 명 객실 카드, 룸 카드

□ **餐券** cānquàn 명 식권

✏ **써 보고 익히기**

酒	酒		房	房	
店	店		卡	卡	
预	预		餐	餐	
定	定		券	券	

前 台
Qiántái

欢迎光临明洞大酒店！
Huānyíng guānglín Míngdòng dà jiǔdiàn!

金智慧
Jīn Zhìhuì

您好！我在网上预定了一间大床房。
Nín hǎo! Wǒ zài wǎngshang yùdìng le yì jiān dàchuáng fáng.

前 台
Qiántái

好的，请出示您的身份证。
Hǎo de,　qǐng chūshì nín de shēnfènzhèng.

金智慧
Jīn Zhìhuì

给您！
Gěi nín!

前 台
Qiántái

您的房间是308号，
Nín de fángjiān shì sān líng bā hào,

这是您的房卡和餐券。
zhè shì nín de fángkǎ hé cānquàn.

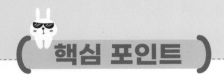

1 고객 맞이 및 배웅 관련 표현

- 欢迎光临。 어서 오세요.
  Huānyíng guānglín.

- 谢谢光临。 방문해 주셔서 감사합니다.
  Xièxie guānglín.

- 欢迎您下次光临! 다음에 또 방문해 주세요!
  Huānyíng nín xiàcì guānglín!

- 感谢您的入住! 저희 호텔에 묵어 주셔서 감사합니다!
  Gǎnxiè nín de rùzhù!

어휘 下次 xiàcì 명 다음 번, 다음 | 感谢 gǎnxiè 동 감사하다, 고마워하다 |

入住 rùzhù 동 투숙하다, 입주하다

74

2 객실 종류 및 호텔 이용 관련 표현

객실 종류	
大床房 dàchuáng fáng 명 더블룸(큰 침대가 있는 방)	**双床房** shuāngchuáng fáng 명 트윈룸(침대 두 개가 있는 방)
家庭房 jiātíng fáng 명 패밀리룸	**商务房** shāngwù fáng 명 비즈니스룸
标准间 biāozhǔn jiān 명 스탠다드룸	**豪华间** háohuá jiān 명 디럭스룸

호텔 이용 관련 표현	
押金 yājīn 명 보증금, 보증 비용	**客房清洁** kèfáng qīngjié 명 객실 청소
房间升级 fángjiān shēngjí 명 객실 업그레이드	**叫早服务** jiàozǎo fúwù 명 모닝콜 서비스
Wi-Fi连接 Wi-Fi liánjiē 명 와이파이 연결	**接送服务** jiēsòng fúwù 명 픽업 및 샌딩 서비스

✏️ **핵심 정리 해 보기**

1 주어진 사진 중에서 녹음 내용과 일치하는 것을 선택하세요. 07-3

A.

B.

C.

D.

E.

예시	我吃饭。 Wǒ chī fàn.	D

(1)

(2)

(3)

(4)

2 밑줄 친 부분을 제시어로 바꿔 대화를 완성하세요. 🎧07-4

(1) 欢迎光临。
Huānyíng guānglín.

> 您下次光临
> nín xiàcì guānglín
>
> 来中国
> lái Zhōngguó
>
> 入住明洞酒店
> rùzhù Míngdòng jiǔdiàn

(2) 我在网上预定了一间大床房。
Wǒ zài wǎngshang yùdìng le yì jiān dàchuáng fáng.

上海 Shànghǎi	租 zū	一个房子 yí ge fángzi
咖啡店 kāfēidiàn	喝 hē	一杯冰美式 yì bēi bīng měishì
网上 wǎngshang	买 mǎi	一个行李箱 yí ge xínglixiāng

어휘 | 冰美式 bīng měishì 명 아이스 아메리카노

3 다음 빈칸을 채워가며 친구와 같이 호텔 체크인 관련 대화를 연습해 보세요.

A: 欢迎光临_____!
Huānyíng guānglín _____!

B: 您好！我在_____预定了_____。
Nín hǎo! Wǒ zài _____ yùdìng le _____.

A: 请出示_____。
Qǐng chūshì _____.

B: 给您!
Gěi nín!

A: 您的房间是_____，这是_____。
Nín de fángjiān shì _____, zhè shì _____.

4 제시된 질문에 알맞은 답을 골라 괄호 안에 알파벳을 적어 보세요.

보기 Ⓐ 下次 xiàcì   Ⓑ 和 hé   Ⓒ 感谢 gǎnxiè   Ⓓ 韩国人 Hánguórén

예시 我是（ Ⓓ ）。
Wǒ shì (   ).

(1) （   ）您的入住!
（   ) nín de rùzhù!

(2) 欢迎您（   ）光临!
Huānyíng nín (   ) guānglín!

(3) 这是您的房卡（   ）餐券。
Zhè shì nín de fángkǎ (   ) cānquàn.

78

중국
호텔 조식 메뉴

중국 사람들이 한국에 오면 한국 사람들은 아침밥을 잘 먹지 않는 것 같다고 이야기합니다. 중국은 아침을 꼭 먹는 문화가 있습니다. 한 상을 가득 차려서 먹지는 않지만, 가볍고 따뜻하게 먹는 것을 선호합니다. 이러한 중국의 조식 문화는 호텔에서도 찾아볼 수 있습니다.

중화권 호텔에 가면 꼭 등장하는 음식이 있는데 바로 흰죽과 찐만두(包子), 찐 달걀, 두유 등입니다. 중국 학생 식당의 아침 메뉴에 꼭 등장하는 음식들이기도 합니다. 그외 외국인을 위한 빵류가 있고 볶음류 음식이 꼭 있습니다.

또한 중국 호텔 조식 메뉴에는 과일이 풍부한 편인데, 중국은 과일이 지역에 따라 그 종류가 다르고 계절마다 다양하기 때문입니다. 또 중국에서는 각 지역의 특산물이나 음식을 조식에 선보이는 경우가 많습니다. 예전에 방문했던 란주(兰州)의 한 호텔에서 조식으로 란주라면(兰州拉面)을 맛본 적이 있었는데, 세상에서 가장 맛있는 잊지 못할 국수였습니다.

참고로 한국과 중국의 아침 식사 문화를 살펴보면, 한국은 집에서 차려 먹어 아침 식사를 위해 문을 여는 식당이 많지 않은 반면, 중국은 밖에서 외식을 하는 경우가 많아 아침 식사를 판매하는 식당이나 노점상이 많다고 합니다.

8과

韩国医院怎么走?

Hánguó yīyuàn zěnme zǒu?

한국 병원은 어떻게 가나요?

학습 내용	길 묻기 및 교통수단을 이용하는 표현
핵심 어법	因为……, 所以…… yīnwèi ……, suǒyǐ …… ㅣ 연동문
문화	구글 말고 바이두

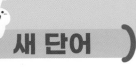

□ **韩国医院** Hánguó yīyuàn 고유 한국 병원

□ **怎么** zěnme 대 어떻게

□ **路人** lùrén 명 행인

□ **第二** dì'èr 수 두 번째

□ **红绿灯** hónglǜdēng 명 신호등

□ **右** yòu 명 오른쪽

□ **拐** guǎi 동 방향을 바꾸다

□ **因为** yīnwèi 접 왜냐하면

□ **远** yuǎn 형 멀다

□ **所以** suǒyǐ 접 그래서, 그러므로

□ **建议** jiànyì 동 제안하다, 권하다

✏️ 써 보고 익히기

红	红			所	所		
绿	绿			以	以		
灯	灯			建	建		
右	右			议	议		

张　伟
Zhāng Wěi

您好！请问，韩国医院怎么走？
Nín hǎo! Qǐngwèn, Hánguó yīyuàn zěnme zǒu?

路　人
Lùrén

您往前走，在第二个红绿灯往右拐。
Nín wǎng qián zǒu, zài dì'èr ge hónglǜdēng wǎng yòu guǎi.

张　伟
Zhāng Wěi

谢谢！
Xièxie!

路　人
Lùrén

因为有点儿远，所以建议您坐公交车去。
Yīnwèi yǒudiǎnr yuǎn, suǒyǐ jiànyì nín zuò gōngjiāochē qù.

핵심 포인트

1 因为……，所以…… yīnwèi……, suǒyǐ……

因为 yīnwèi 뒤에는 이유가 오고, 所以 suǒyǐ 뒤에는 결과가 와서 '왜냐하면~, 그래서~'라는 뜻으로 원인과 결과 관계를 표현할 때 사용합니다.

- 因为有点儿远，所以建议您坐公交车去。
  Yīnwèi yǒudiǎnr yuǎn, suǒyǐ jiànyì nín zuò gōngjiāochē qù.
  조금 멀기 때문에 버스 타고 가시는 걸 권해요.

- 因为他生病了，所以没来上课。 그는 아파서 수업에 오지 않았어요.
  Yīnwèi tā shēngbìng le, suǒyǐ méi lái shàngkè.

- 因为我有很多作业，所以没有时间观看视频。
  Yīnwèi wǒ yǒu hěn duō zuòyè, suǒyǐ méiyǒu shíjiān guānkàn shìpín.
  저는 숙제가 많아서 동영상을 볼 시간이 없어요.

- 因为地铁晚点了，所以我迟到了。 지하철이 연착되어서, 제가 지각했어요.
  Yīnwèi dìtiě wǎndiǎn le, suǒyǐ wǒ chídào le.

어휘 生病 shēngbìng 통 병이 나다 | 观看 guānkàn 통 보다, 관람하다 | 视频 shìpín 명 동영상 | 晚点 wǎndiǎn 통 지연되다, 늦어지다 | 迟到 chídào 통 지각하다

84

2 연동문

동사가 두 개 이상 나오는 문장을 '연동문'이라고 합니다. 동사의 순서는 동작의 시간순으로 나열하는데, 즉, 먼저 발생하는 동작의 동사를 앞에 두고, 뒤에 발생하는 행동의 동사를 뒤에 배열합니다.

- 您坐公交车去。(당신은) 버스 타고 가세요.
  Nín zuò gōngjiāochē qù.

- 我去超市买东西。 저는 슈퍼에 물건을 사러 가요.
  Wǒ qù chāoshì mǎi dōngxi.

- 我去医院看医生。 저는 병원에 (의사선생님께) 진료 보러 가요.
  Wǒ qù yīyuàn kàn yīshēng.

- 他们回家吃饭。 그들은 집에 가서 밥을 먹어요.
  Tāmen huíjiā chīfàn.

어휘　东西 dōngxi 명 물건, 물품 ㅣ 医院 yīyuàn 명 병원 ㅣ 医生 yīshēng 명 의사

✏️ 핵심 정리 해 보기

연습문제

1 주어진 사진 중에서 녹음 내용과 일치하는 것을 선택하세요. 🎧 08-3

A.

B.

C.

D.

E.

예시	我吃饭。 Wǒ chī fàn.	D

(1)   ☐

(2)   ☐

(3)   ☐

(4)   ☐

2 밑줄 친 부분을 제시어로 바꿔 대화를 완성하세요. 🎧08-4

(1) 因为**有点儿远**，所以**建议您坐公交车去**。
Yīnwèi yǒudiǎnr yuǎn, suǒyǐ jiànyì nín zuò gōngjiāochē qù.

他生病了 tā shēngbìng le	没来上课 méi lái shàngkè
我有很多作业 wǒ yǒu hěn duō zuòyè	没有时间观看视频 méiyǒu shíjiān guānkàn shìpín
地铁晚点了 dìtiě wǎndiǎn le	我迟到了 wǒ chídào le

(2) **您坐公交车去**。
Nín zuò gōngjiāochē qù.

我 Wǒ	去超市 qù chāoshì	买东西 mǎi dōngxi
我 Wǒ	去医院 qù yīyuàn	看医生 kàn yīshēng
他们 Tāmen	回家 huíjiā	吃饭 chīfàn

3 아래와 같이 간단한 지도를 그리고 친구와 함께 길 묻기 관련 대화 연습을 해 보세요.

예시

그려보기

참고 어휘 十字路口 shízì lùkǒu 명 교차로, 사거리 | 左 zuǒ 명 왼쪽, 왼편

4 제시된 질문에 알맞은 답을 골라 괄호 안에 알파벳을 적어 보세요.

보기 Ⓐ 看医生 kàn yīshēng Ⓑ 所以 suǒyǐ Ⓒ 建议 jiànyì Ⓓ 韩国人 Hánguórén

예시 我是 (Ⓓ)。
Wǒ shì ( ).

(1) ( ) 您坐公交车去。
( ) nín zuò gōngjiāochē qù.

(2) 因为地铁晚点了, ( ) 我迟到了。
Yīnwèi dìtiě wǎndiǎn le, ( ) wǒ chídào le.

(3) 我去医院 ( )。
Wǒ qù yīyuàn ( ).

구글 말고
바이두

중국 사람들은 대부분 중국 자체 플랫폼을 사용합니다. 예를 들어 우리나라에 카ㅇ오톡이 있다면 중국에는 ㅇ챗(微信)이 있고, 우리나라의 네이버와 같은 검색 플랫폼으로는 중국의 바이두(百度)가 있습니다. 중국사람들이 구글과 같은 전세계 사람들이 애용하는 플랫폼 대신 자국 플랫폼을 주로 사용하는 이유로는 자국 플랫폼 사용의 편리함도 있지만, 중국 외 플랫폼 사용에 제한이 있기 때문이기도 합니다. 중국은 자국 플랫폼에서 데이터를 구축하고 확인하기 위해 자국 플랫폼 사용을 독려합니다.

따라서 중국 내 새로운 정보를 빠르게 얻고 또 이해하기 위해서는 중국 사이트를 이용하는 것이 좋습니다. 예를 들어 외국으로 여행 갈 때 보통 다른 국가라면 구글 지도 어플 설치가 우선일 수 있지만, 중국 여행에서는 바이두 지도 어플이 필수입니다. 바이두 지도 이외에도 고덕지도(高德地图)와 같은 현지 지도 어플을 활용하는 것도 좋습니다. 구글 지도와 비교했을 때, 바이두 지도나 고덕지도 등의 중국 현지 지도는 중국 내 새로운 건물이나 도로명 등이 자동 업데이트 되고 대중교통에 관한 정보도 상세하게 확인할 수 있습니다.

高德地图

百度地图

9과

您哪儿不舒服?

Nín nǎr bù shūfu?

당신은 어디가 불편하세요?

학습 내용	병원에서 진료를 볼 때 쓰는 표현
핵심 어법	구조조사 得 de ㅣ 양사 一点儿 yìdiǎnr
문화	중국 내 병원

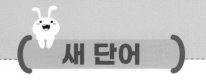

새 단어

□ 舒服 shūfu 형 편안하다

□ 肚子 dùzi 명 배

□ 疼 téng 형 아프다

□ 得 de 조 상태 또는 정도를 나타내는 보어의 구조조사

□ 厉害 lìhai 형 심하다

□ 麻辣烫 Málàtàng 명 마라탕

□ 一点儿 yìdiǎnr 양 조금, 약간

□ 啤酒 píjiǔ 명 맥주

□ 检查 jiǎnchá 동 검사하다, 점검하다

✏️ 써 보고 익히기

舒	舒			厉	厉	
服	服			害	害	
肚	肚			检	检	
疼	疼			查	查	

医　生
Yīshēng

您好，您哪儿不舒服？
Nín hǎo,　nín nǎr bù shūfu?

金智慧
Jīn Zhìhuì

医生，我肚子疼得厉害。
Yīshēng,　wǒ dùzi téng de lìhai.

医　生
Yīshēng

昨天晚上吃了什么？
Zuótiān wǎnshang chī le shénme?

金智慧
Jīn Zhìhuì

吃了麻辣烫，喝了一点儿啤酒。
Chī le Málàtàng,　hē le yìdiǎnr píjiǔ.

医　生
Yīshēng

来，我检查一下。
Lái,　wǒ jiǎnchá yíxià.

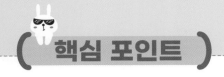

1 구조조사 得 de

得 de는 동사나 형용사 뒤에 쓰이며, 得 뒤에 오는 문장 성분을 보어라고 하여 '동사/형용사 + 得 de + 보어'의 구조를 나타냅니다. 주로 동작이나 상태의 결과 또는 정도를 보충적으로 설명할 때 사용합니다.

- 我肚子疼得厉害。 저는 배가 너무 아파요.
  Wǒ dùzi téng de lìhai.

- 雨下得很大。 비가 많이 와요.
  Yǔ xià de hěn dà.

- 他吃得很快。 그는 빨리 먹어요.
  Tā chī de hěn kuài.

- 他们聊得很开心。 그들은 즐겁게 이야기를 나눠요.
  Tāmen liáo de hěn kāixīn.

어휘 雨 yǔ 몡 비 | 下 xià 동 내리다 | 聊 liáo 동 이야기를 나누다 | 开心 kāixīn 혱 기쁘다, 즐겁다

2 **양사 一点儿** yìdiǎnr

一点儿 yìdiǎnr은 '조금', '약간'이라는 뜻으로 확정되지 않은 적은 수량을 나타낼 때 사용합니다.

- 我喝了一点儿啤酒。 저는 맥주를 조금 마셨어요.
  Wǒ hē le yìdiǎnr píjiǔ.

- 我只吃了一点儿水果。 저는 과일만 조금 먹었어요.
  Wǒ zhǐ chī le yìdiǎnr shuǐguǒ.

- 我带了一点儿面包。 제가 빵을 조금 가져왔어요.
  Wǒ dài le yìdiǎnr miànbāo.

- 给我一点儿时间。 저에게 시간을 조금만 주세요.
  Gěi wǒ yìdiǎnr shíjiān.

어휘 | 带 dài 통 지니다 | 面包 miànbāo 명 빵

✏️ 핵심 정리 해 보기

연습문제

1 주어진 사진 중에서 녹음 내용과 일치하는 것을 선택하세요. 🎧09-3

A.

B.

C.

D.

E.

예시	我吃饭。 Wǒ chī fàn.	D

(1)

(2)

(3)

(4)

2 밑줄 친 부분을 제시어로 바꿔 대화를 완성하세요. 🎧09-4

(1) 我肚子疼得厉害。
Wǒ dùzi téng de lìhai.

雨 Yǔ	下 xià	很大 hěn dà
他 Tā	吃 chī	很快 hěn kuài
他们 Tāmen	聊 liáo	很开心 hěn kāixīn

(2) 喝了一点儿啤酒。
Hē le yìdiǎnr píjiǔ.

吃 Chī	水果 shuǐguǒ
带 Dài	面包 miànbāo
给 Gěi	时间 shíjiān

3 다음 상황을 참고해서 친구와 자유롭게 대화를 연습해 보세요.

예시 **A:** 您哪儿不舒服?
Nín nǎr bù shūfu?

B: 我肚子疼得厉害。
Wǒ dùzi téng de lìhai.

A: 昨天晚上吃了什么?
Zuótiān wǎnshang chī le shénme?

B: 吃了麻辣烫。
Chī le Málàtàng.

	부위	행동
상황 1	头 tóu	吃了火锅 Chī le huǒguō
상황 2	嗓子 sǎngzi	吃了炒饭, 喝了一点儿啤酒 Chī le chǎofàn, hē le yìdiǎnr píjiǔ
상황 3	肚子 dùzi	吃了零食 Chī le língshí

참고 어휘 头 tóu 명 머리 | 嗓子 sǎngzi 명 목(구멍)

4 제시된 질문에 알맞은 답을 골라 네모 칸 안에 알파벳을 적어 보세요.

예시 Nǐ shì Hánguórén ma?
你是韩国人吗?

B

Wǒ dùzi téng.
Ⓐ 我肚子疼。

(1) Nín nǎr bù shūfu?
您哪儿不舒服?

Bú shì.
Ⓑ 不是。

(2) Zuótiān wǎnshang chī le shénme?
昨天晚上吃了什么?

Wǒ mǎi le yì shuāng xié.
Ⓒ 我买了一双鞋。

(3) Nǐ mǎi le shénme?
你买了什么?

Chī le Málàtàng.
Ⓓ 吃了麻辣烫。

중국 내 병원

　중국에서 유학하면서 컨디션이 좋지 않을 때는 한국에서 가져간 약을 먹거나 중국의 한방병원에 가서 침을 맞고 한약을 먹었습니다. 한국에서처럼 바로 병원을 찾지 않았던 가장 큰 이유는 한국의 의료시설과 유사한 수준의 병원을 찾기가 어렵고, 외국인에게는 진입 장벽이 높았기 때문입니다. 만약 중국에서 대형병원에 간다면 '외국어 전용 서비스'를 찾아서 진료를 신청할 수 있는데 병원비가 매우 비싸기 때문에 유의해야 합니다.

　중국에서 병원에 갔을 때는 자신의 진료 과목을 잘 확인하고 접수해야 합니다. 종합병원은 무료 진료 항목이 우리나라처럼 다양하지 않을 수 있기 때문에 더욱 그렇습니다. 인구 대비 병원이 많지 않은 것은 중국의 고민거리 중 하나라고 보여집니다. 물론, 타국에서 자신에게 맞는 병원을 찾는 것이 쉽지 않기 때문이기도 하지만, 그래서인지 중국에서 병원에 간 기억이 별로 없습니다. 친구가 아파서 응급실에 함께 갔을 때 링거를 맞는 환자들이 모두 로비에 나란히 팔을 올리고 앉아 있던 모습이 지금도 눈에 생생합니다.

10과

请系好安全带。

Qǐng jìhǎo ānquándài.

안전벨트를 매 주세요.

학습 내용	비행기 기내에서 서비스를 요청할 때 쓰는 표현
핵심 어법	要……了 yào……le	동사 + 好 hǎo
문화	중국인의 한국 물건 구매

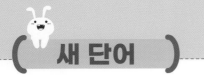
□ **乘务员** chéngwùyuán 명 승무원

□ **先生** xiānsheng 명 선생, 씨(성인 남자에 대한 존칭)

□ **就** jiù 부 이미, 벌써

□ **飞机** fēijī 명 비행기

□ **要……了** yào……le 곧 ~할 것이다

□ **起飞** qǐfēi 동 이륙하다

□ **系** jì 동 매다, 묶다

□ **好** hǎo 형 동사 뒤에 쓰여 동작이 이미 완성되었음을 나타냄

□ **安全带** ānquándài 명 안전벨트

□ **拿** ná 동 가져오다, 들다

□ **条** tiáo 양 가늘고 긴 물건을 세는 양사

□ **毯子** tǎnzi 명 담요

✏️ 써 보고 익히기

乘	乘			安	安	
务	务			全	全	
员	员			带	带	
系	系			毯	毯	

회화

乘务员 先生，飞机就要起飞了，请系好安全带。
Chéngwùyuán Xiānsheng, fēijī jiù yào qǐfēi le, qǐng jìhǎo ānquándài.

张 伟 好的。能给我拿一条毯子吗？
Zhāng Wěi Hǎo de. Néng gěi wǒ ná yì tiáo tǎnzi ma?

乘务员 好的。马上拿给您。
Chéngwùyuán Hǎo de. Mǎshàng ná gěi nín.

张 伟 谢谢！
Zhāng Wěi Xièxie!

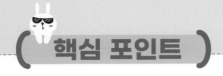

1 要……了 yào……le

要……了 yào……le는 要 앞에 就 jiù가 쓰여 어떤 일이 곧 발생할 것임을 강조하여, 임박한 상황이나 시간이 다가옴을 나타냅니다.

- 飞机就要起飞了。 비행기가 곧 이륙합니다.
  Fēijī jiù yào qǐfēi le.

- 我们就要下课了。 우리는 곧 수업이 끝납니다.
  Wǒmen jiù yào xiàkè le.

- 冬天就要来了。 겨울이 곧 다가옵니다.
  Dōngtiān jiù yào lái le.

- 电影就要开始了。 영화가 곧 시작됩니다.
  Diànyǐng jiù yào kāishǐ le.

어휘　　冬天 dōngtiān 명 겨울 ｜ 开始 kāishǐ 동 시작하다

2 동사 + 好 hǎo

동사 뒤에 형용사 好를 결과보어로 사용하는 것은 동작이 완료됨과 동시에 그 결과가 만족스럽거나 적절한 결과 상태에 도달했음을 나타냅니다. 부정은 '没(有) + 동사 + 好'로 표현합니다.

- 请系好安全带。 안전벨트를 매 주세요.
  Qǐng jìhǎo ānquándài.

- 饭都做好了。 밥이 다 됐어요.
  Fàn dōu zuòhǎo le.

- 门没关好。 문이 제대로 닫히지 않았어요.
  Mén méi guānhǎo.

- 你做好决定了吗? 당신은 결정을 했나요?
  Nǐ zuòhǎo juédìng le ma?

어휘 门 mén 명 문 | 关 guān 통 닫다, 끄다 | 决定 juédìng 명 통 결정(하다)

✏️ 핵심 정리 해 보기

1 주어진 사진 중에서 녹음 내용과 일치하는 것을 선택하세요. 🎧10-3

A.

B.

C.

D.

E.

예시 我吃饭。 Wǒ chī fàn.	D

(1)

(2)

(3)

(4)

2 밑줄 친 부분을 제시어로 바꿔 대화를 완성하세요. 🎧 10-4

(1) <mark>飞机就要起飞</mark>了。
Fēijī jiù yào qǐfēi le.

我们 Wǒmen	下课 xiàkè
冬天 Dōngtiān	来 lái
电影 Diànyǐng	开始 kāishǐ

(2) <mark>系好安全带</mark>。
Jìhǎo ānquándài.

做 Zuò	饭 fàn
关 Guān	门 mén
做 Zuò	决定 juédìng

3 다음 상황을 참고해서 친구와 기내 서비스 요청관련 대화를 연습해 보세요.

A: 能给我＿＿＿＿＿＿＿＿＿吗?
　　Néng gěi wǒ ＿＿＿＿＿＿＿＿ ma?

B: 好的。马上拿给您。
　　Hǎo de. Mǎshàng ná gěi nín.

	서비스 요청 내용
상황 1	一杯咖啡 yì bēi kāfēi
상황 2	一副耳机 yí fù ěrjī
상황 3	一支笔 yì zhī bǐ

참고 어휘　**副 fù** 양 이어폰을 세는 양사 | **耳机 ěrjī** 명 이어폰 | **支 zhī** 명 자루(가늘고 긴 물건을 세는 단위) |
笔 bǐ 명 펜

4 제시된 질문에 알맞은 답을 골라 괄호 안에 알파벳을 적어 보세요.

보기　Ⓐ 拿 ná　　Ⓑ 好 hǎo　　Ⓒ 就要 jiù yào　　Ⓓ 韩国人 Hánguórén

예시　我是（　Ⓓ　）。
　　　Wǒ shì (　　　　).

(1)　马上（　　　　）给您。
　　　Mǎshàng (　　　　) gěi nín.

(2)　我们（　　　　）下课了。
　　　Wǒmen (　　　　) xiàkè le.

(3)　你做（　　　　）决定了吗?
　　　Nǐ zuò (　　　　) juédìng le ma?

108

중국인의
한국 물건 구매

　　중국 사람들이 한국에 여행 와서 주로 사는 물품으로는 어떤 것들이 있을까요? 한국에 오면 주로 사게 되는 것은 화장품, 뷰티 기기, 김, 홍삼 그리고 전기밥솥 등이 있다고 합니다. 중국 사람들이 한국에 자유여행을 많이 오게 되면서 한국 면세점의 매출이 급격하게 상승한 적이 있습니다. 한국에는 믿고 살 수 있는 명품이 많고, 또 그 가격도 매우 합리적이기 때문입니다. 그래서 한 중국인 친구는 모 명품 매장에서 같은 디자인의 상품을 크기별로 구매하거나 색깔별로 구매하는 것도 본 적이 있습니다. 최근 들어서는 중국에서도 명품 구매가 어렵지 않고 유럽이나 미국으로 직접 날아가서 구매하는 것도 가능하기 때문에 이런 현상은 많이 줄었습니다.

　　COVID-19 시기에 인터넷 쇼핑과 해외 직구, 혹은 구매 대행 시스템이 발달하면서 이제는 외국의 물건을 인터넷으로 직접 구매하는 시스템이 정착되어 지금은 한국에 오지 못해서 물건을 사지 못 하는 일은 거의 줄어들고 있습니다.

11과

这是我的护照和入境卡。

Zhè shì wǒ de hùzhào hé rùjìngkǎ.

이것은 제 여권과 입국 카드입니다.

학습 내용 공항에서 입국 심사 때 쓰는 표현

핵심 어법 是……的 shì……de | 축하 또는 기원 표현

문화 중국에 입국할 때 유의점

□ **入境卡** rùjìngkǎ 명 입국 카드

□ **左右** zuǒyòu 명 가량, 안팎

□ **入境检查人员** rùjìng jiǎnchá rényuán
　　　　　　　　　　　　명 입국 심사 직원

□ **祝** zhù 통 기원하다, 축하하다

□ **旅途** lǚtú 명 여정, 여행 길

□ **目的** mùdì 명 목적

□ **愉快** yúkuài 형 즐겁다, 유쾌하다

□ **待** dāi 통 머무르다, 체류하다
　　　　(※ **待** dài 통 기다리다, 접대하다)

✏️ 써 보고 익히기

目	目			旅	旅		
的	的			途	途		
左	左			愉	愉		
右	右			快	快		

金智慧 Jīn Zhìhuì	您好！这是我的护照和入境卡。 Nín hǎo! Zhè shì wǒ de hùzhào hé rùjìngkǎ.
入境检查人员 Rùjìng jiǎnchá rényuán	您来中国的目的是什么？ Nín lái Zhōngguó de mùdì shì shénme?
金智慧 Jīn Zhìhuì	我是来旅游的。 Wǒ shì lái lǚyóu de.
入境检查人员 Rùjìng jiǎnchá rényuán	您待多长时间？ Nín dāi duōcháng shíjiān?
金智慧 Jīn Zhìhuì	一个星期左右。 Yí ge xīngqī zuǒyòu.
入境检查人员 Rùjìng jiǎnchá rényuán	好了。祝您旅途愉快！ Hǎo le.　Zhù nín lǚtú yúkuài!

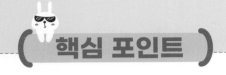

1 是……的 shì …… de

是……的 shì …… de 구문은 과거에 발생한 사건과 관련된 시간, 장소, 교통수단, 목적, 동반자 등의 정보를 강조하고자 할 때 '주어 + 是 shì + 강조하고자 하는 내용 + 的 de' 형식으로 사용합니다.

- 我是来旅游的。 저는 여행하러 왔어요.
  Wǒ shì lái lǚyóu de.

- 我是昨天到的。 저는 어제 도착했어요.
  Wǒ shì zuótiān dào de.

- 他是跟朋友一起去的。 그는 친구와 함께 갔어요.
  Tā shì gēn péngyou yìqǐ qù de.

- 我们是坐地铁来的。 우리는 지하철을 타고 왔어요.
  Wǒmen shì zuò dìtiě lái de.

2 축하 또는 기원 표현

祝 zhù는 '祝 zhù + 您 nín / 你 nǐ + 축하 또는 기원 내용' 형식으로 상대방에게 좋은 기원이나 축하를 표현할 때 사용합니다.

- 祝您旅途愉快! 즐거운 여행 되세요!
  Zhù nín lǚtú yúkuài!

- 祝你生日快乐! 생일 축하해요!
  Zhù nǐ shēngrì kuàilè!

- 祝您工作顺利! 일이 순조롭게 되시길 바랍니다!
  Zhù nín gōngzuò shùnlì!

- 祝您身体健康! 건강하시길 바랍니다!
  Zhù nín shēntǐ jiànkāng!

어휘 顺利 shùnlì 형 순조롭다, 잘 진행되다 ┃ 身体 shēntǐ 명 몸, 신체 ┃
健康 jiànkāng 형 건강하다

✏️ 핵심 정리 해 보기

연습문제

1 주어진 사진 중에서 녹음 내용과 일치하는 것을 선택하세요. 🎧 11-3

A.

B.

C.

D.

E.

| 예시 | 我吃饭。 Wǒ chī fàn. | D |

(1)

(2)

(3)

(4)

2 밑줄 친 부분을 제시어로 바꿔 대화를 완성하세요. 🎧 11-4

(1) 我是来旅游的。
Wǒ shì lái lǚyóu de.

我 Wǒ	昨天到 zuótiān dào
他 Tā	跟朋友一起去 gēn péngyou yìqǐ qù
我们 Wǒmen	坐地铁来 zuò dìtiě lái

(2) 祝您旅途愉快!
Zhù nín lǚtú yúkuài!

你 nǐ	生日快乐 shēngrì kuàilè
您 nín	工作顺利 gōngzuò shùnlì
您 nín	身体健康 shēntǐ jiànkāng

3 배운 표현을 활용하여 사진을 보고 중국어 문장을 말하세요.

(1)

참고 어휘 目的 mùdì

(2)

참고 어휘 是……的 shì …… de

(3)

참고 어휘 生日 shēngrì

(4)

참고 어휘 健康 jiànkāng

4 제시된 질문에 알맞은 답을 골라 괄호 안에 알파벳을 적어 보세요.

보기 Ⓐ 祝 zhù   Ⓑ 目的 mùdì   Ⓒ 待 dāi   Ⓓ 韩国人 Hánguórén

예시 我是（   Ⓓ   ）。
     Wǒ shì (   ).

(1) 您来中国的（   ）是什么?
    Nín lái Zhōngguó de (   ) shì shénme?

(2) 您（   ）多长时间?
    Nín (   ) duōcháng shíjiān?

(3) （   ）您旅途愉快!
    (   ) nín lǚtú yúkuài!

중국에 입국할 때
유의점

중국에 입국할 때 중국 공항에서 입국심사서를 써야 합니다. 입국심사서는 한 면은 중국어로, 한 면은 영어로 쓰게 되어 있는데 중국어와 영어 중 하나를 선택해 작성하면 됩니다. 입국심사서의 내용은 여권, 비자 등의 정보와 일치해야 하며, 입국 시 지문 등록과 안면인식 등록도 필요합니다.

특히 중국에 입국할 때에는 출국 비행기 편명과 숙소의 정보, 여행 일정 등에 대해 정확하게 준비하는 것이 좋습니다. 비자가 있긴하나 거류증이 아닌 경우 중국에서의 체류 기간과 숙소에 대한 정보 입력이 필수이기 때문입니다.

중국 사람들의 구매 대행 혹은 물품 이송 규정위반 등 범죄가 증가하면서 자신의 물건을 대리 위탁 운반하려는 일들이 많아져 중국에서는 "저는 몰랐어요." 식의 말은 더이상 통하지 않습니다. 따라서 모르는 사람의 물건을 함부로 맡았다가 법적 처벌 대상이 되지 않도록 다른 사람의 물건을 대신 운반해 주는 일은 절대 하지 말아야 합니다.

12과

我要准备资格证考试。

Wǒ yào zhǔnbèi zīgézhèng kǎoshì.

저는 자격증 시험을 준비하려고 해요.

학습 내용 취업 준비 관련된 표현

핵심 어법 동사 + 时 shí | 동사 + 不了 bùliǎo

문화 중국의 호적 제도

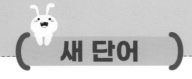

새 단어

12-1

□ **考** kǎo 통 (시험을) 보다

□ **驾照** jiàzhào 명 운전 면허증

□ **不了** bùliǎo ~할 수 없다

□ **资格证** zīgézhèng 명 자격증

□ **级** jí 명 등급

□ **时** shí 명 시간, 때

써 보고 익히기

考	考			了	了		
驾	驾			资	资		
照	照			格	格		
不	不			证	证		

12-2

张 伟
Zhāngwěi

这个假期我打算考驾照，你也一起吧。
Zhè ge jiàqī wǒ dǎsuàn kǎo jiàzhào,　nǐ yě yìqǐ ba.

金智慧
Jīn Zhìhuì

我考不了，我要准备资格证考试。
Wǒ kǎo bùliǎo,　wǒ yào zhǔnbèi zīgézhèng kǎoshì.

张 伟
Zhāngwěi

什么资格证？
Shénme zīgézhèng?

金智慧
Jīn Zhìhuì

HSK三级，找工作时需要。
HSK sān jí,　zhǎo gōngzuò shí xūyào.

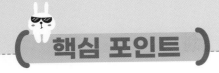
1 동사 + 时 shí

동사 뒤에 时 shí는 활동 또는 상황이 발생할 때의 시간적 의미를 나타냅니다. ……的时候를
줄여서 표현한 것이 ……时입니다.

- **找工作时需要。** 취업할 때 필요해요.
  Zhǎo gōngzuò shí xūyào.

- **上课时，别看手机。** 수업 시간에 휴대 전화를 보지 마세요.
  Shàngkè shí, bié kàn shǒujī.

- **感冒时，多喝热水。** 감기에 걸렸을 때, 따뜻한 물을 많이 마셔요[드세요].
  Gǎnmào shí, duō hē rèshuǐ.

- **休息时，他玩游戏。** 휴식할 때, 그는 게임을 해요.
  Xiūxi shí, tā wán yóuxì.

어휘 **别 bié** 부 ~하지 마라(금지, 제지) | **感冒 gǎnmào** 명 동 감기(에 걸리다) | **热水 rèshuǐ** 명 뜨거운 물

2 동사 + 不了 bùliǎo

不了 bùliǎo는 동사 뒤에 붙여서 동작을 (양적으로) 완료 혹은 완결시킬 수 없음을 나타냅니다.

- 他考不了。 그는 시험을 볼 수 없어요.
  Tā kǎo bùliǎo.

- 他病了，上不了课。 그는 아파서, 수업에 올 수 없어요.
  Tā bìng le, shàng bùliǎo kè.

- 我喝不了白酒。 저는 백주를 못 마셔요.
  Wǒ hē bùliǎo báijiǔ.

- 我帮不了你。 저는 당신을 도와줄 수 없어요.
  Wǒ bāng bùliǎo nǐ.

어휘 病 bìng 통 아프다, 병이 나다 | 白酒 báijiǔ 명 백주(중국술)

✏️ 핵심 정리 해 보기

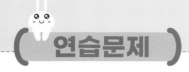

연습문제

1 주어진 사진 중에서 녹음 내용과 일치하는 것을 선택하세요. 🎧 12-3

A.

B.

C.

D.

E.

예시	我吃饭。 Wǒ chī fàn.	D
(1)		
(2)		
(3)		
(4)		

2 밑줄 친 부분을 제시어로 바꿔 대화를 완성하세요. 🎧12-4

(1) 找工作时需要。
Zhǎo gōngzuò shí xūyào.

上课 Shàngkè	别看手机 bié kàn shǒujī
感冒 Gǎnmào	多喝热水 duō hē rèshuǐ
休息 Xiūxi	玩游戏 wán yóuxì

(2) 我考不了驾照。
Wǒ kǎo bùliǎo jiàzhào.

上 shàng	课 kè
喝 hē	白酒 báijiǔ
帮 bāng	你 nǐ

3 주위 친구들에게 관심있는 자격증과 시험 날짜를 묻고 다음 표를 완성해 보세요.

예시 **A:** 你要准备什么资格证?
Nǐ yào zhǔnbèi shénme zīgézhèng?

B: HSK三级。
HSK sān jí.

A: 什么时候考试?
Shénme shíhou kǎoshì?

B: 四月。
Sì yuè.

	자격증	시험 날짜
1		
2		
3		
4		

4 제시된 질문에 알맞은 답을 골라 괄호 안에 알파벳을 적어 보세요.

보기 Ⓐ 不了 bùliǎo   Ⓑ 时 shí   Ⓒ 准备 zhǔnbèi   Ⓓ 韩国人 Hánguórén

예시 我是 (Ⓓ)。
Wǒ shì ( ).

(1) 我要 ( ) HSK三级。
Wǒ yào ( ) HSK sān jí.

(2) 他病了，上 ( ) 课。
Tā bìng le, shàng ( ) kè.

(3) 感冒 ( )，多喝热水。
Gǎnmào ( ), duō hē rèshuǐ.

중국의 호적 제도

　　중국의 호적 제도 즉 호구 제도는 역사적으로 보면 기원전 주(周) 왕조에서 시작되었다고 할 수 있습니다. 호적 제도는 가족 단위로 인구를 관리하는 시스템이라고 할 수 있는데, 이는 토지 관리 제도와도 관련이 있습니다. 과거 중국은 우리나라와 마찬가지로 농업을 주요 산업으로 삼았던 나라로, 땅을 나눠서 농사를 짓고 세금을 내거나 부역을 하며 살았기에 이러한 호적 제도가 필요했습니다. 지금까지도 중국은 호적 제도를 인구, 교육, 취업 등의 기본적인 행정 관리 시스템이자 법률 제도로 활용하고 있습니다.

　　그러나 중국은 중화인민공화국 건국 이래로 1950년대 초반에 호적 제도를 개편하였고, 그 이후 지속적으로 정비해왔습니다. 성(省)과 시(市)로 구분하고 발전 정도에 따라 등급을 나눠 지역별로 관리하는데, 부모의 호적에 따라 한 번 정해지면 실제 주거지와 상관없이 그 지역의 호적을 유지하게 됩니다. 그래서 중국 사람들을 만나면 자주 "당신은 어느 지역 사람입니까?"라고 바로 호적을 묻습니다. 대도시로 이주해서 살더라도 그 지역에서 일정 기간, 일정 수준 이상의 직장을 유지해야 호적을 옮길 수 있고, 주택을 매입할 때도 호적에 따라 제약이 있습니다. 이사를 하면 주민등록상의 주소를 변경하는 우리나라의 시스템과는 차이가 크다고 할 수 있습니다. 13억이 넘는 인구를 자랑하는 사회주의 국가의 인구 관리 시스템으로 오랜 기간 정착해 온 중국 특유의 제도라고 할 수 있습니다.

부록

- 해석 및 연습문제 정답/녹음
- 색인

해석 및 연습문제 정답/녹음

1과

회화 해석

김지혜: 안녕하세요, 5월 10일 상하이로 가는 기차표가 있을까요?
매표원: 오직 12시에 출발하는 것만 있어요. 드릴까요?
김지혜: 저는 두 장 필요해요.
매표원: 신분증을 제시해 주세요.
김지혜: 여기 있어요.

연습문제 정답 및 녹음

1. (1) C   (2) E   (3) B   (4) A

녹음 내용

(1) 我要两张电影票。
Wǒ yào liǎng zhāng diànyǐngpiào.
저에게 영화표 두 장을 주세요.

(2) 请出示一下身份证。
Qǐng chūshì yíxià shēnfènzhèng.
신분증을 제시해 주세요.

(3) 火车出发了。 기차가 출발했어요.
Huǒchē chūfā le.

(4) 给您护照。 (당신에게) 여권을 드릴게요.
Gěi nín hùzhào.

4. (1) A   (2) D   (3) C

해석

(1) 부산에 가는 기차 있어요?
    A 12시에 출발하는 것만 있어요.
(2) 학생증을 제시해 주세요.
    D (당신에게) 드릴게요.
(3) 당신은 기차표 몇 장이 필요하세요?
    C 저는 세 장 필요해요.

2과

회화 해석

장웨이: 기사님, 와이탄으로 가 주세요.

기사: 알겠습니다.
장웨이: (시간이) 얼마나 걸려요?
기사: 한 시간 걸려요.
장웨이: 제가 조금 급해서요. 수고스럽지만, 빨리 좀 부탁드릴게요.

연습문제 정답 및 녹음

1. (1) B   (2) C   (3) E   (4) A

녹음 내용

(1) 师傅，去外滩。
Shīfu, qù Wàitān.
기사님, 와이탄으로 가 주세요.

(2) 我有点儿着急。 제가 조금 급해요.
Wǒ yǒudiǎnr zháojí.

(3) 去北京需要一个小时。
Qù Běijīng xūyào yí ge xiǎoshí.
베이징에 (가는 데) 한 시간 걸려요.

(4) 这个有点儿贵。 이것은 조금 비싸요.
Zhè ge yǒudiǎnr guì.

4. (1) B   (2) A   (3) C

해석

(1) 와이탄에 가는 데 한 시간 (**B** 필요해요).
(2) 제가 (**A** 조금) 바빠요.
(3) 수고스럽지만, 빨리 (**C** 좀) 부탁드릴게요.

3과

회화 해석

김지혜: 이 신발 신어봐도 될까요?
직원: 당연히 되죠. 이것은 올해 신상이에요.

김지혜: 제법 괜찮네요. (제게) 포장해 주세요. 위챗으로 결제해도 돼요?
직원: 위챗과 알리페이 모두 가능해요. 여기 스캔해 주세요.

연습문제 정답 및 녹음

1. (1) B   (2) E   (3) A   (4) C

녹음 내용

(1) 微信和支付宝都可以。
Wēixìn hé Zhīfùbǎo dōu kěyǐ.
위챗과 알리페이 모두 가능해요.

(2) 这双鞋可以试穿吗?
Zhè shuāng xié kěyǐ shìchuān ma?
이 신발 신어봐도 될까요?

(3) 您扫这儿。 여기 스캔해 주세요.
Nín sǎo zhèr.

(4) 给我包一下。
Gěi wǒ bāo yíxià.
(제게) 포장해 주세요.

---

3. (1) 上课不可以睡觉。 수업 중에 자면 안 돼요.
Shàngkè bù kěyǐ shuìjiào.

(2) 不可以打电话。 전화하면 안 돼요.
Bù kěyǐ dǎ diànhuà.

(3) 可以试穿。 신어봐도 돼요.
Kěyǐ shìchuān.

(4) 可以微信支付。 위챗으로 결제해도 돼요.
Kěyǐ Wēixìn zhīfù.

4. (1) C   (2) A   (3) D

해석

(1) 위챗으로 결제해도 돼요?
ⓒ 돼요.

(2) 제가 당신에게 커피 사다 드릴게요.
Ⓐ 고마워요.

(3) 이 신발은 올해 신상이에요.
Ⓓ 제법 괜찮네요.

4과

회화 해석

장웨이: 안녕하세요! 계세요?
고객센터: 안녕하세요! 고객님, 여기 있습니다.
장웨이: 제가 지난주 수요일에 캐리어를 하나 구매했
는데, 왜 아직도 배송이 안 되었나요?
고객센터: 고객님, 보통 일주일 내에 배송하는데, 제가
(당신을 도와서) 재촉해 보겠습니다.

연습문제 정답 및 녹음

1. (1) C   (2) E   (3) B   (4) A

녹음 내용

(1) 这边帮您催一下。
Zhèbiān bāng nín cuī yíxià.
이쪽에서 (당신을 도와서) 재촉해 보겠습니다.

(2) 为什么还没有发货?
Wèishénme hái méiyǒu fāhuò?
왜 아직도 배송이 안 되었나요?

(3) 我的朋友还没有走。
Wǒ de péngyou hái méiyǒu zǒu.
제 친구는 아직 가지 않았어요.

(4) 我还没有做作业。
Wǒ hái méiyǒu zuò zuòyè.
저는 아직 숙제를 하지 않았어요.

---

3. (1) 我上周三买了一个行李箱。
Wǒ shàngzhōu sān mǎi le yí ge
xínglixiāng.
저는 지난주 수요일에 캐리어를 하나 구매했어요.

(2) 您帮我按一下四楼。
Nín bāng wǒ àn yíxià sì lóu.
(저를 도와) 4층 좀 눌러 주세요.

(3) 我帮妈妈打扫房间。
Wǒ bāng māma dǎsǎo fángjiān.
저는 엄마를 도와서 방 청소를 해요.

(4) 我们还没(有)上课。
Wǒmen hái méi(yǒu) shàngkè.
우리는 아직 수업을 안 했어요.

4. (1) C   (2) A   (3) D

해석

(1) 안녕하세요! 계세요?
ⓒ 안녕하세요! 고객님, 여기 있습니다.

(2) 왜 아직도 배송이 안 되었나요?
Ⓐ 저희는 보통 일주일 내에 배송해 드립니다.

(3) (저를 도와) 4층 좀 눌러 주세요.
Ⓓ 알겠습니다.

5과

회화 해석

김지혜: 안녕하세요, 한국으로 소포를 보내려고 합니다.
우체국 직원: 이 양식을 작성해 주세요. 소포 안에 무엇이 있나요?
김지혜: 약간의 옷과 책이에요.
우체국 직원: 배송비는 150위안입니다.

연습문제 정답 및 녹음

1. (1) A　　(2) E　　(3) B　　(4) C

녹음 내용

(1) 请填写这个表格。
　　Qǐng tiánxiě zhè ge biǎogé.
　　이 양식을 작성해 주세요.
(2) 包裹里有什么?
　　Bāoguǒ li yǒu shénme?
　　소포 안에 무엇이 있나요?
(3) 手机在桌子上。
　　Shǒujī zài zhuōzi shang.
　　휴대 전화는 책상 위에 있어요.
(4) 他往那边去了。　그는 저쪽으로 갔어요.
　　Tā wǎng nàbiān qù le.

4. (1) C　　(2) B　　(3) A

해석

(1) 이 양식을 (**C** 작성해) 주세요.
(2) 소포 안에는 (**B** 약간의) 옷과 책이 있어요.
(3) 당신은 (**A** 앞을) 보세요.

6과

회화 해석

부동산: 안녕하세요? 집을 보실 건가요?
장웨이: 저는 월세 집을 구하려고 해요.
부동산: 원하시는 조건을 한 번 말씀해 보세요.
장웨이: 외국어 대학교 근처에 있고 방 하나, 거실 하나 그리고 월세는 4,000위안을 넘지 않는 집을 원해요.
부동산: 좋습니다. 당신을 도와서 한 번 찾아봐 드릴게요.

연습문제 정답 및 녹음

1. (1) C　　(2) E　　(3) B　　(4) A

녹음 내용

(1) 我要租房子。
　　Wǒ yào zū fángzi.
　　저는 월세 집을 구하려고 해요.
(2) 我帮您找一下。
　　Wǒ bāng nín zhǎo yíxià.
　　당신을 도와서 한 번 찾아봐 드릴게요.
(3) 我喜欢看书，还有旅游。
　　Wǒ xǐhuan kàn shū, háiyǒu lǚyóu.
　　저는 책을 읽고 그리고 여행하는 것을 좋아해요.
(4) 我在图书馆。　저는 도서관에 있어요.
　　Wǒ zài túshūguǎn.

4. (1) D　　(2) C　　(3) A

해석

(1) 안녕하세요! 집을 보실 건가요?
　　D 저는 월세 집을 구하려고 해요.
(2) 원하시는 조건을 한 번 말씀해 보세요.
　　C 외국어 대학교 근처에 있고 방 하나, 거실 하나 있는 집을 원해요.
(3) 당신은 어디에 있어요?
　　A 저는 도서관에 있어요.

7과

회화 해석

카운터: 어서 오세요. 명동호텔에 오신 것을 환영합니다!
김지혜: 안녕하세요! 저는 인터넷에서 더블룸을 예약했습니다.
카운터: 네, 손님. 신분증을 제시해 주세요.
김지혜: 여기 있습니다!
카운터: 고객님의 방은 308호입니다. 이것은 고객님의 객실 카드와 식권입니다.

연습문제 정답 및 녹음

1. (1) E　　(2) B　　(3) A　　(4) C

(1) 欢迎光临! 어서 오세요!
   Huānyíng guānglín!

(2) 这是您的房卡和餐券。
   Zhè shì nín de fángkǎ hé cānquàn.
   이것은 고객님의 객실 카드와 식권입니다.

(3) 我在网上预定了一间双床房。
   Wǒ zài wǎngshang yùdìng le yì jiān shuāngchuáng fáng.
   저는 인터넷에서 트윈룸을 예약했습니다.

(4) 您的房间是308号。
   Nín de fángjiān shì sān líng bā hào.
   고객님의 방은 308호입니다.

4. (1) C (2) A (3) B

(1) 귀하의 투숙을 (**C** 감사드립니다)!
(2) (**A** 다음)에 또 방문해 주세요!
(3) 이것은 고객님의 객실 카드(**B**와) 식권입니다.

8과

장웨이: 안녕하세요! 실례지만, 한국 병원은 어떻게 가
나요?
행인: 앞으로 가시다가 두 번째 신호등에서 오른쪽으
로 돌아가세요.
장웨이: 감사합니다!
행인: 조금 멀기 때문에 (그래서) 버스 타고 가시는 걸
권해요.

1. (1) E (2) C (3) A (4) B

(1) 请问，医院怎么走?
   Qǐngwèn, yīyuàn zěnme zǒu?
   실례지만, 병원은 어떻게 가나요?

(2) 在红绿灯那儿往右拐。
   Zài hónglǜdēng nàr wǎng yòu guǎi.
   신호등에서 오른쪽으로 돌아가세요.

(3) 因为他生病了，所以没来上课。
   Yīnwèi tā shēngbìng le, suǒyǐ méi lái shàngkè.
   그는 아파서 수업에 오지 않았어요.

(4) 我去超市买东西。
   Wǒ qù chāoshì mǎi dōngxi.
   저는 슈퍼에 물건을 사러 가요.

4. (1) C (2) B (3) A

(1) 버스 타고 가시는 걸 (**C** 권해요).
(2) 지하철이 연착되어(**B** 서), 제가 지각했어요.
(3) 저는 병원에 (**A** 진료 보러) 가요.

9과

의사: 안녕하세요! 당신은 어디가 불편하세요?
김지혜: 의사선생님, 저는 배가 너무 아파요.
의사: 어제 저녁에 뭐 드셨어요?
김지혜: 마라탕을 먹고, 맥주를 조금 마셨어요.
의사: 자, 제가 검사 한 번 해 볼게요.

1. (1) B (2) E (3) A (4) C

(1) 医生，我肚子疼得厉害。
Yīshēng, wǒ dùzi téng de lìhai.
의사선생님, 저는 배가 너무 아파요.

(2) 雨下得很大。 비가 많이 와요.
Yǔ xià de hěn dà.

(3) 我喝了一点儿啤酒。
Wǒ hē le yìdiǎnr píjiǔ.
저는 맥주를 조금 마셨어요.

(4) 我检查一下。 제가 검사 한번 해 볼게요.
Wǒ jiǎnchá yíxià.

4. (1) A　　　(2) D　　　(3) C

해석

(1) 어디가 불편하세요?
　　🅐 저는 배가 아파요.
(2) 어제 저녁에 뭐 드셨어요?
　　🅓 마라탕 먹었어요.
(3) 당신은 무엇을 샀어요?
　　🅒 저는 신발 한 켤레를 샀어요.

10과
회화 해석
승무원: 손님, 비행기가 곧 이륙하니 안전벨트를 매 주
　　　　세요.
장웨이: 네. 제게 담요 하나를 가져다 주실 수 있을까요?
승무원: 알겠습니다. 곧 가져다 드리겠습니다.
장웨이: 감사합니다!

연습문제 정답 및 녹음
1. (1) C　　　(2) B　　　(3) A　　　(4) E

(1) 飞机就要起飞了。 비행기가 곧 이륙합니다.
Fēijī jiù yào qǐfēi le.

(2) 请系好安全带。 안전벨트를 매 주세요.
Qǐng jìhǎo ānquándài.

(3) 电影就要开始了。 영화가 곧 시작됩니다.
Diànyǐng jiù yào kāishǐ le.

(4) 门没关好。 문이 제대로 닫히지 않았어요.
Mén méi guānhǎo.

4. (1) A　　　(2) C　　　(3) B

해석

(1) 곧 (🅐 가져다) 드리겠습니다.
(2) 우리는 (🅒 곧) 수업이 끝납니다.
(3) 당신은 결정을 (🅑 했나요)?

11과
회화 해석
김지혜: 안녕하세요! 이것은 제 여권과 입국 카드입니다.
입국 심사 직원: 중국에 오신 목적이 무엇인가요?
김지혜: 저는 여행하러 왔어요.
입국 심사 직원: 얼마나 머무르실 건가요?
김지혜: 일주일 정도요.
입국 심사 직원: 다 됐습니다. 즐거운 여행 되세요!

연습문제 정답 및 녹음
1. (1) A　　　(2) E　　　(3) C　　　(4) B

(1) 您来中国的目的是什么？
Nín lái Zhōngguó de mùdì shì shénme?
중국에 오신 목적이 무엇인가요?

(2) 我是来旅游的。　저는 여행하러 왔어요.
Wǒ shì lái lǚyóu de.

(3) 他是跟朋友一起去的。
Tā shì gēn péngyou yìqǐ qù de.
그는 친구와 함께 갔어요.

(4) 祝您工作顺利！
Zhù nín gōngzuò shùnlì!
일이 순조롭게 되시길 바랍니다!

3. 참고 답안

(1) 目的是学习。목적은 공부입니다.
Mùdì shì xuéxí.

(2) 我是坐地铁来的。
Wǒ shì zuò dìtiě lái de.
저는 지하철을 타고 왔습니다.

(3) 祝你生日快乐！생일 축하합니다!
Zhù nǐ shēngrì kuàilè!

(4) 祝您身体健康。건강하시길 바랍니다.
Zhù nín shēntǐ jiànkāng.

4. (1) B　　(2) C　　(3) A

해석

(1) 중국에 오신 (**B** 목적)이 무엇인가요?
(2) 얼마나 (**C** 머무르실) 건가요?
(3) 즐거운 여행 (**A** 되세요)!

12과

회화 해석

장웨이: 이번 방학 때 나는 운전 면허증 시험을 볼 계획인데, 너도 같이 하자.

김지혜: 나는 시험을 볼 수가 없어. 나는 자격증 시험을 준비하려고 해.

장웨이: 어떤 자격증?

김지혜: HSK 3급, 취업할 때 필요해.

연습문제 정답 및 녹음

1. (1) B　　(2) C　　(3) A　　(4) E

녹음 내용

(1) 我要准备资格证考试。
Wǒ yào zhǔnbèi zīgézhèng kǎoshì.
저는 자격증 시험을 준비하려고 해요.

(2) 上课时，别看手机。
Shàngkè shí, bié kàn shǒujī.
수업 시간에 휴대 전화를 보지 마세요.

(3) 我喝不了白酒。
Wǒ hē bùliǎo báijiǔ.
저는 백주를 못 마셔요.

(4) 休息时，他玩游戏。
Xiūxi shí, tā wán yóuxì.
휴식할 때, 그는 게임을 해요.

4. (1) C　　(2) A　　(3) B

해석

(1) 저는 HSK 3급을 (**C** 준비)하려고 해요.
(2) 그가 아파서, 수업에 올 (**A** 수 없어요).
(3) 감기에 걸렸을 (**B** 때), 따뜻한 물을 많이 마셔요.

색인

A

| 安全带 | ānquándài | 명 안전벨트 |
| 按 | àn | 동 누르다 |

B

白酒	báijiǔ	명 백주(중국술)
办法	bànfǎ	명 방법
帮	bāng	동 돕다
包	bāo	동 포장하다, 싸다
		명 가방
包裹	bāoguǒ	명 소포
笔	bǐ	명 펜
表格	biǎogé	명 양식, 서식, 표
别	bié	부 ~하지 마라(금지, 제지)
冰美式	bīng měishì	명 아이스 아메리카노
病	bìng	동 아프다, 병이 나다
不错	búcuò	형 맞다, 좋다
不了	bùliǎo	~할 수 없다

C

餐券	cānquàn	명 식권
超过	chāoguò	동 초과하다
乘务员	chéngwùyuán	명 승무원
迟到	chídào	동 지각하다
出发	chūfā	동 출발하다
出示	chūshì	동 제시하다
春川	Chūnchuān	명 춘천[지명]
从…到…	cóng…dào…	~부터 ~까지
催	cuī	[동] 재촉하다

D

打扫	dǎsǎo	동 청소하다
大床房	dàchuáng fáng	명 더블룸, 큰 침대가 있는 방
(大)酒店	(dà) jiǔdiàn	명 호텔
待	dāi	동 머무르다, 체류하다
	dài	동 기다리다, 접대하다
带	dài	동 지니다
当然	dāngrán	부 당연히, 물론
得	de	조 상태 또는 정도를 나타내는 보어의 구조조사
第二	dì'èr	수 두 번째
地铁	dìtiě	명 지하철
电影票	diànyǐngpiào	명 영화표
冬天	dōngtiān	명 겨울
东西	dōngxi	명 물건, 물품
肚子	dùzi	명 배
多长时间	duōcháng shíjiān	(시간이) 얼마나

E

| 耳机 | ěrjī | 명 이어폰 |

F

发货	fāhuò	동 물건을 발송하다, 배송하다
房间	fángjiān	명 방
房卡	fángkǎ	명 객실 카드, 룸 카드
房屋中介	fángwū zhōngjiè	명 부동산
房子	fángzi	명 집, 방
飞机	fēijī	명 비행기
飞机票	fēijīpiào	명 비행기표
分钟	fēnzhōng	명 분(시간)

釜山	Fǔshān	명 부산[지명]
副	fù	양 이어폰을 세는 양사
附近	fùjìn	명 근처

G

感冒	gǎnmào	명 동 감기(에 걸리다)
感谢	gǎnxiè	동 감사하다, 고마워하다
给	gěi	동 주다
		개 ~에게
公交车	gōngjiāochē	명 버스
公园	gōngyuán	명 공원
拐	guǎi	동 방향을 바꾸다
关	guān	동 닫다, 끄다
观看	guānkàn	동 보다, 관람하다
光临	guānglín	명 동 왕림(하다)

H

还有	háiyǒu	접 그리고, 또한
韩国医院	Hánguó yīyuàn	고유 한국 병원
好	hǎo	형 동사 뒤에 쓰여 동작이 이미 완성되었음을 나타냄
号	hào	양 ~호
红绿灯	hónglǜdēng	명 신호등
护照	hùzhào	명 여권
花	huā	동 (돈이나 시간을) 쓰다
火车票	huǒchēpiào	명 기차표

J

级	jí	명 등급
系	jì	동 매다, 묶다
济州岛	Jìzhōudǎo	명 제주도[지명]

寄	jì	동 보내다
驾照	jiàzhào	명 운전 면허증
间	jiān	양 칸(방을 세는 단위)
检查	jiǎnchá	동 검사하다, 점검하다
建议	jiànyì	동 제안하다, 권하다
健康	jiànkāng	형 건강하다
教室	jiàoshì	명 교실
借	jiè	동 빌리다, 대여하다
介绍	jièshào	동 소개하다
就	jiù	부 이미, 벌써
决定	juédìng	명 동 결정(하다)

K

咖啡店	kāfēidiàn	명 커피숍
开始	kāishǐ	동 시작하다
开心	kāixīn	형 기쁘다, 즐겁다
考	kǎo	동 (시험을) 보다
可以	kěyǐ	조동 ~해도 되다, 할 수 있다
客服	kèfú	명 고객센터, 서비스센터
客人	kèrén	명 손님

L

里	lǐ	명 안
厉害	lìhai	형 심하다
辆	liàng	양 대(차량을 세는 단위)
聊	liáo	동 이야기를 나누다
楼	lóu	명 층
路人	lùrén	명 행인
旅途	lǚtú	명 여정, 여행 길

(M)

麻烦	máfan	동	귀찮게 하다, 번거롭게 하다
麻辣烫	Málàtàng	명	마라탕
门	mén	명	문
面包	miànbāo	명	빵
明洞	Míngdòng	고유	명동[지명]
目的	mùdì	명	목적

(N)

拿	ná	동	가져오다, 들다
哪儿	nǎr	대	어디
那边	nàbiān	명	저쪽, 그쪽
内	nèi	명	내, 안

(P)

啤酒	píjiǔ	명	맥주

(Q)

起飞	qǐfēi	동	이륙하다
前台	qiántái	명	(호텔) 카운터
亲	qīn	고유	온라인 고객에 대한 애칭

(R)

热水	rèshuǐ	명	뜨거운 물
仁川	Rénchuān	명	인천[지명]
入境检查人员	rùjìng jiǎnchá rényuán	명	입국 심사 직원
入境卡	rùjìngkǎ	명	입국 카드
入住	rùzhù	동	투숙하다, 입주하다

(S)

嗓子	sǎngzi	명	목(구멍)
扫	sǎo	동	(QR코드, 바코드 등을) 스캔하다
身份证	shēnfènzhèng	명	신분증
身体	shēntǐ	명	몸, 신체
生病	shēngbìng	동	병이 나다
师傅	shīfu	명	스승, 사부, 그 일에 숙달한 사람
十字路口	shízì lùkǒu	명	교차로, 사거리
时	shí	명	시간, 때
试穿	shìchuān	동	입어보다, 신어보다
视频	shìpín	명	동영상
手表	shǒubiǎo	명	손목시계
售票员	shòupiàoyuán	명	매표원
书包	shūbāo	명	책가방
舒服	shūfu	형	편안하다
双	shuāng	양	켤레, 쌍
顺利	shùnlì	형	순조롭다, 잘 진행되다
所以	suǒyǐ	접	그래서, 그러므로

(T)

毯子	tǎnzi	명	담요
疼	téng	형	아프다
填写	tiánxiě	동	작성하다, 채우다
条	tiáo	양	가늘고 긴 물건을 세는 양사
头	tóu	명	머리
图书馆	túshūguǎn	명	도서관

(W)

外大	Wàidà	고유	외국어 대학교

外滩	Wàitān	고유 와이탄[지명]
晚点	wǎndiǎn	동 지연되다, 늦어지다
碗	wǎn	명 양 그릇
网上	wǎngshang	명 인터넷, 온라인
往	wǎng	개 ~쪽으로, ~를(을) 향해
为什么	wèishénme	대 왜

(X)

下	xià	동 내리다
下次	xiàcì	명 다음 번, 다음
先生	xiānsheng	명 선생, 씨(성인 남자에 대한 존칭)
想	xiǎng	동 생각하다, ~하고 싶다
小时	xiǎoshí	명 시간[시간 명사]
鞋	xié	명 신발
新款	xīnkuǎn	명 새로운 스타일
行李箱	xínglixiāng	명 캐리어, 여행가방
需要	xūyào	동 필요로 하다, 요구되다

(Y)

要求	yāoqiú	명 동 요구(하다)
要	yào	동 원하다, 필요하다
要……了	yào……le	곧 ~할 것이다
一室一厅	yí shì yì tīng	명 거실 하나, 방 하나
一般	yìbān	부 일반적으로, 보통
一点儿	yìdiǎnr	양 정도가 약함을 나타냄(一를 종종 생략함) / 양 조금, 약간
医生	yīshēng	명 의사
医院	yīyuàn	명 병원
因为	yīnwèi	접 왜냐하면
邮费	yóufèi	명 우편 요금, 배송비

邮局	yóujú	명 우체국
有点儿	yǒudiǎnr	부 조금, 약간
右	yòu	명 오른쪽
愉快	yúkuài	형 즐겁다, 유쾌하다
雨	yǔ	명 비
预定	yùdìng	동 예약하다
远	yuǎn	형 멀다
月租	yuèzū	명 월세

(Z)

在	zài	동 ~에 있다
怎么	zěnme	대 어떻게
站	zhàn	명 역, 정거장
张	zhāng	양 종이, 책상과 같은 넓은 표면을 가진 것을 세는 단위
着急	zháojí	동 조급해 하다, 초조해 하다
照相机	zhàoxiàngjī	명 카메라
支	zhī	양 자루(가늘고 긴 물건을 세는 단위)
支付	zhīfù	동 지불하다
职员	zhíyuán	명 직원, 사무원
只	zhǐ	부 단지, 오직
祝	zhù	동 기원하다, 축하하다
桌子	zhuōzi	명 책상, 테이블
资格证	zīgézhèng	명 자격증
租	zū	동 세내다, 세놓다
左	zuǒ	명 왼쪽, 왼편
左右	zuǒyòu	명 가량, 안팎
作业	zuòyè	명 숙제, 과제
坐	zuò	동 앉다

MEMO

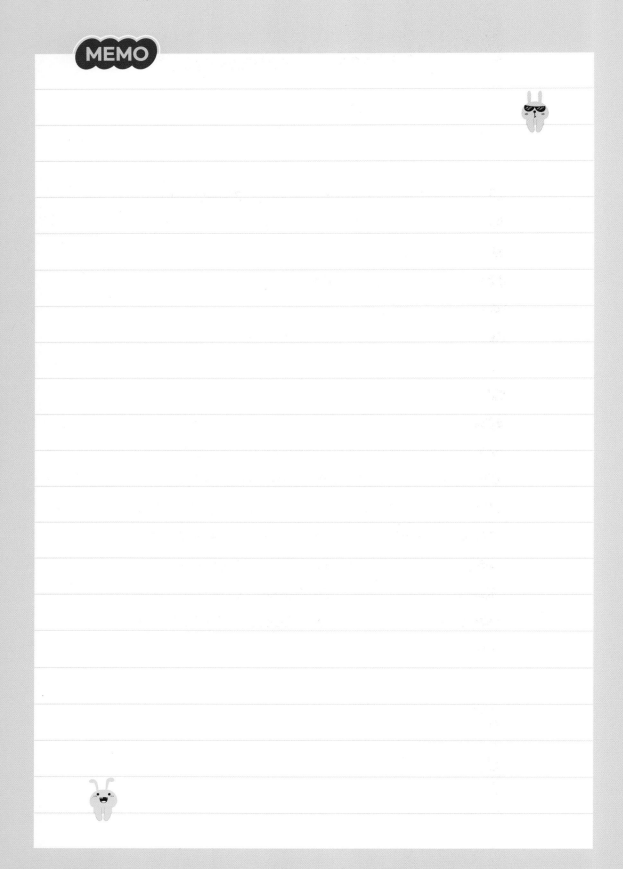

MEMO

❶ A: 您好，有五月十号去上海的
火车票吗?
B: 只有十二点出发的。

❷ A: 需要多长时间?
B: 需要一个小时。

❸ A: 这双鞋可以试穿吗?
B: 当然可以。
这是今年的新款。

❹ A: 可以微信支付吗?
B: 微信和支付宝都可以。
您扫这儿。

❺ A: 为什么还没有发货?
B: 亲，这边帮您催一下。

❻ A: 包裹里有什么?
B: 是一些衣服和书。

❼ A: 您说一下您的要求。
B: 要在外大附近，一室一厅，
月租不超过4000。

❽ A: 您好! 我在网上预定了
一间大床房。
B: 请出示您的身份证。

❾ A: 请问，医院怎么走?
B: 您往前走，在第二个红绿
灯往右拐。

❿ A: 您好，您哪儿不舒服?
B: 医生，我肚子疼得厉害。

⓫ A: 能给我拿一条毯子吗?
B: 好的。马上拿给您。

⓬ A: 您来中国的目的是什么?
B: 我是来旅游的。

⓭ A: 您待多长时间?
B: 一个星期左右。

⓮ A: 你要准备什么资格证考试?
B: HSK三级，找工作时需要。

8
A: 안녕하세요! 저는 인터넷에서 더블룸을 예약했습니다.
B: 신분증을 제시해 주세요.

1
A: 안녕하세요, 5월 10일 상하이로 가는 기차표가 있을까요?
B: 오직 12시에 출발하는 것만 있어요

9
A: 실례지만, 병원은 어떻게 가나요?
B: 앞으로 가시다가 두 번째 신호등에서 오른쪽으로 돌아가세요.

2
A: (시간이) 얼마나 걸려요?
B: 한 시간 걸려요.

10
A: 안녕하세요! 당신은 어디가 불편하세요?
B: 의사선생님, 저는 배가 너무 아파요.

3
A: 이 신발 신어봐도 될까요?
B: 당연히 되죠. 이것은 올해 신상이에요.

11
A: 제게 담요 하나를 가져다 주실 수 있을까요?
B: 알겠습니다. 곧 가져다 드리겠습니다.

4
A: 위챗으로 결제해도 돼요?
B: 위챗과 알리페이 모두 가능해요. 여기 스캔해 주세요.

12
A: 중국에 오신 목적이 무엇인가요?
B: 저는 여행하러 왔어요.

5
A: 왜 아직도 배송이 안 되었나요?
B: 제가 (당신을 도와서) 재촉해 보겠습니다.

13
A: 얼마나 머무르실 건가요?
B: 일주일 정도요.

6
A: 소포 안에 무엇이 있나요?
B: 약간의 옷과 책이에요.

14
A: 너는 어떤 자격증 시험을 준비하려고 해?
B: HSK 3급, 취업할 때 필요해.

7
A: 원하시는 조건을 한 번 말씀해 보세요.
B: 외국어 대학교 근처에 있고 방 하나, 거실 하나, 월세는 4000위안을 넘지 않는 집을 원해요.